AF178281

Mancher Weg zeigt sich erst, wenn man ihn ein Stück weit gegangen ist...

Marc Sieger

Pilgern auf dem Jakobsweg

Von Saint-Jean-Pied-de-Port bis Santiago de Compostela

www.tredition.de

Lektorat, Korrektorat: Pia Sieger, Regina Schwarz
Umschlag: Cedric Eberhard

Verlag & Druck: tredition GmbH, Halenreie 40-44,
22359 Hamburg

ISBN
Paperback   978-3-347-16142-9
Hardcover   978-3-347-16143-6
e-Book   978-3-347-16144-3

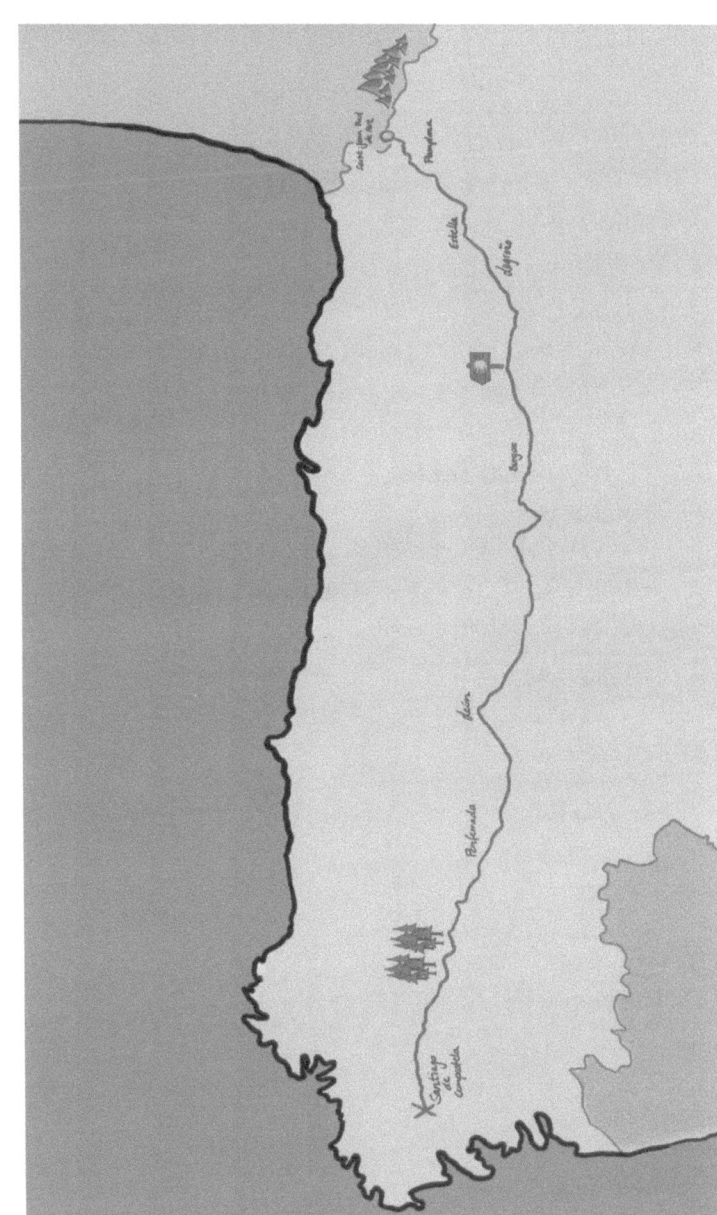

Packliste

Kleidung

- Wanderschuhe aus Gore-Tex
- Outdoor-Jacke
- Strickjacke
- Wanderhose
- Jogginghose
- 2 T-shirts
- 2 Unterhosen
- 1 lange Unterhose
- 2 Paar doppellagige Socken
- Badeschlappen
- Hut mit breiter Krempe
- Regencape

Geld & Dokumente

- Bargeld 250,- €
- EC- und Kreditkarte
- Felix Geldbeutel
- Zweiter Geldbeutel
- Personalausweis

Essen & Trinken

- Wasserschlauch 2 Liter
- Flachmann mit Whisky
- Müsliriegel
- Tagesproviant

Ausrüstung

- Jakobsmuschel
- Rucksack & Schlafsack
- Handy, Powerbank, Kopfhörer
- kleines Tagebuch und Stift
- 2 Wanderstöcke, teleskopierbar
- Stirnlampe + Ersatzbatterien
- Reiseführer Jakobsweg
- Hirschtalg für die Füße
- Taschenmesser, Feuerzeug
- Schnur, Klebeband

Kosmetik & Gesundheit

- Zahnbürste + Zahncreme
- Seife, Shampoo, Deo
- Waschmittel
- Mikrofaserhandtuch
- Nagelschere, Nadel & Faden
- Ohropax
- Pflaster
- Schmerztabletten

Vorwort

Ich bin ihn tatsächlich gegangen, den ganzen Weg von Saint-Jean-Pied-de-Port bis Santiago de Compostela, etwas über 800 Kilometer zu Fuß. Hier bei uns sagen die meisten Jakobsweg, in Spanien ist es der Camino de Santiago, die Franzosen nennen ihn Chemin de Saint-Jacques, aber für die Pilger ist es einfach nur der Camino.

Es gibt viele Jakobswege, die durch mehrere Länder Europas führen, aber alle haben das gleiche Ziel: Santiago de Compostela. Der bekannteste der Jakobswege ist der Camino Francés, der von Saint-Jean-Pied-de-Port ausgehend Spanien einmal von Ost nach West durchquert.

Ich ging ihn allein, und trotzdem lagen auf meinem Camino unzählige Begegnungen und Erlebnisse. Was der Weg mit einem macht, was er verändert, ob man ein anderer wird, wenn man ihn geht? Wohin er einen bringt, ob die Dinge danach anders sind als zuvor, oder man einfach nur anders damit umgeht, ob einem beim Pilgern Gott begegnet oder sogar Wunder geschehen, oder einfach alles bleibt, wie es ist? Die Antwort muss sich jeder selbst geben und man bekommt sie nur, indem man ihn geht.

Für mich ist dieser Weg wie das Leben selbst. Unvermittelt stolpert man hinein, egal wie lange man sich vorbereitet hat und wie viel man darüber auch gelesen haben mag. Plötzlich ist man da und es geht los. Vieles kommt anders als gedacht, jeder Weg ist einzigartig und jeder muss seinen eigenen gehen. Es gibt kein Richtig oder Falsch, vielmehr schenkt einem der Camino Chancen und Gelegenheiten, die man entweder mutig ergreift und nutzt, oder die man eben tatenlos verstreichen lässt und so unwiederbringlich verliert.

Landschaften verändern sich, nach den steil aufragenden Pyrenäen folgen die Weinberge Navarras und Riojas, über die alt erhabenen Königsstädte Pamplona, Estella, Burgos, León und die schier endlose Hochebene der Meseta gelangt man nach Galicien und schließlich nach Santiago de Compostela, dem eigentlichen Ziel der Pilgerreise, und vielleicht treibt es einen dann noch weiter bis ans Ende der Welt, das Kap Finisterre, wo sich der Horizont im Atlantik verliert. Warme Sonnenstrahlen wechseln mit trüben Regenwolken, vor Hitze schwitzend oder vor Kälte im Regen zitternd, nass bis auf die Haut. Euphorie, Aufbruchstimmung, Neugierde geben den Stab weiter an Niedergeschlagenheit, Hoffnungslosigkeit und Gedanken ans Aufgeben.

Das einzige Rezept: *„Don't stop walking!"*

Weitergehen, nicht anhalten und nicht aufgeben.

Auf dem Weg findet man Gefährten und Begleiter. Ein paar davon schließt man besonders ins Herz. Man teilt Gedanken, Proviant, Erfahrungen, Nachtlager, Pflaster, Salben und gute Ratschläge.

Man teilt Glaube und Zweifel und das, was unser Menschsein ausmacht. In besonderen Augenblicken gibt man vielleicht ein winzig kleines Teilchen seines Innersten preis und bekommt im Gegenzug einen Blick in die Seele des anderen geschenkt.

Diese Augenblicke sind bleibend.

Und dann verliert man sich wieder, die Wege trennen sich. Entweder bleibt der eine fußkrank zurück, oder der andere geht beherzt in schnellerem Tempo weiter. Mitunter enden Wege auch plötzlich weit vor dem Ziel, unerwartet und schmerzhaft und es bleibt einem allein die Erinnerung.

Vieles auf dem Camino bleibt ein Geheimnis. Manches davon versteht man nur selbst, kann es für andere nicht in Worte fassen, weil es keine Worte dafür gibt und manches bleibt auch für einen selbst ein Mysterium, umweht allenfalls von einem ahnungsvollen Hauch.

Und nun vergessen Sie das alles am besten wieder und kommen mit und begleiten mich auf meinem Camino-Abenteuer, das an einem regnerischen Novembertag 2018 begann.

Anreise, Donnerstag, 08. November

Stuttgart – Saint-Jean-Pied-de-Port

Den linken Fuß setze ich auf die Trittstufe des Wagons. Mein Rechter verharrt einige Augenblicke auf der Bahnsteigkante. Auf dem Rücken mein Rucksack mit den klein zusammengeschobenen Wanderstöcken. Mit Wasservorrat, Schlafsack und Tagesverpflegung gerade einmal gute 10 Kilogramm, „Reisen mit leichtem Gepäck", worauf ich wirklich stolz bin.

Gedankenfetzen jagen in Sekundenbruchteilen durch meinen Kopf. „Wann und warum ich mich dazu entschlossen hätte, pilgern zu gehen", hatten einige Freunde und Arbeitskollegen gefragt. „Was ich mir davon erhoffe", bis hin zu „ob ich krank sei, oder es Schicksalsschläge oder eine Ehekrise zu verarbeiten gäbe", und zu guter Letzt „warum es gerade der Jakobsweg und dann auch noch der Camino Francés sein müsse, auf dem doch jedes Jahr Hunderttausende pilgern".

Auf all die Fragen hatte ich nicht geantwortet, bestenfalls freundlich gelächelt.

Auch jetzt lächle ich. Die große Bahnhofsuhr zeigt 6:54 Uhr. Ich sauge die kühle Morgenluft, die sich mit der eigentümlich muffigen Bahnhofsluft vermengt, durch die Nase ein. Es ist Zeit für den Aufbruch, es ist Zeit loszugehen und diese Dinge hinter mir zu lassen. Mit der Hand fahre ich mir übers Gesicht, wische förmlich die Gedanken der Bedenkenträger fort, gebe mir einen Ruck und steige ein. Auf meinem Fensterplatz sitzend schließe ich für einige Augenblicke die Augen.

Warum pilgert man? Es mag dafür so vielfältige Gründe geben, wie das Leben bunt und die Menschen verschieden sind. In meinem Leben ist nun mal jetzt, genau jetzt, in diesem Jahr, Anfang November der richtige Zeitpunkt dafür. In einem Monat, der in keinem Reiseführer und nirgends als Pilgermonat auf dem Camino empfohlen wird. Im Gegenteil. Von dieser Jahreszeit wird vielerorts klar und deutlich abgeraten. Plötzlicher Wintereinbruch, geschlossene Herbergen, deshalb schwer planbare Tagesetappen, kaum andere Pilger und wenig Abwechslung, um nur einige der Negativargumente gegen diese Jahreszeit zu nennen.

Manche Dinge sucht man sich nicht aus. Sie kommen einfach zu einem. Und wenn sie kommen, dann muss man sie tun. Einige sagen dazu „auf die innere Stimme hören", und meine rief es laut und deutlich. Es ist wie die lang ersehnte Zäsur, der Einhalt, den mein Leben braucht.

Nein, mein Leben ist nicht chaotisch oder aus den Fugen geraten. Es ist wohl geordnet, mit zwei bereits ziemlich erwachsenen Töchtern, einer wundervollen Frau, mit der ich seit 25 Jahren glücklich verheiratet bin; dazu ein ordentlicher Job, Einkommen, Zuhause, Freunde, alles bestens. Dazu in der

Freizeit viel ehrenamtliches kirchliches Engagement, mich selbst meist hintenangestellt, voller Einsatz, alles gebend. Natürlich bereitet mir all das auch Freude und meist bekommt man dabei mehr zurück, als man gibt. Aber jetzt ist gut. Jetzt brauche ich diese Zeit für mich, für mich ganz allein. Ich sehne mich danach, nach Stille, nach innerer Ruhe. Nach Zeit mit mir und Gott, falls er sich blicken lässt.

Nervös blicke ich auf die Uhr. Bereits 5 Minuten Verspätung. Warum fährt der Zug denn nicht endlich ab? Ich rutsche unruhig auf meinem Platz hin und her. Sechsmaliges Umsteigen erwartet mich heute. Von Stuttgart geht es nach Karlsruhe, von dort mit nur 14 Minuten Umsteigezeit mit dem ICE weiter nach Paris. Dort wechsle ich mit der Metro vom Gare de l'Est zum Gare Montparnasse. Mit dem TGV geht es von hier weiter nach Bordeaux, anschließend nach Bayonne und schließlich mit dem Bummelzug nach Saint-Jean-Pied-de-Port, dem wunderschönen kleinen Städtchen am Fuß der Pyrenäen, dem Ausgangspunkt meines Pilgerweges. Nach weiteren 5 Minuten Untätigkeit ertönt eine Durchsage:

„Aufgrund technischer Probleme verzögert sich die Abfahrt."

Na super. Das fängt gut an. Und ich kann nichts tun, nur dasitzen und warten. Ich hasse Probleme, bei denen ich nur abwarten kann. Ich hätte auch fliegen können. Ginge schneller und wäre dazu wohl auch noch entspannter. Aber ich wollte sehen, wie die Landschaft sich verändert, mir ganz bewusst Zeit für den Weg nehmen, aufbrechen – loslassen – ankommen. Dazu fliege ich nicht gerne, wenngleich es sich beruflich über Jahre hinweg nicht vermeiden ließ. Und schließlich muss meine Seele das Tempo auch irgendwie mitgehen können. Bis zuletzt ging es rund zuhause. Gestern noch hatte ich den ganzen Tag gearbeitet und versucht, die dringendsten Dinge zu erledigen und für meine beinahe 4-wöchige Abwesenheit zu organisieren. Am Abend hatte meine Frau Nicole mich dann mit einer Abschiedsparty überrascht. Plötzlich trudelten alle möglichen Freunde bei uns ein und innerhalb kürzester Zeit war das ganze Haus brechend voll. Es gab leckere Tapas - spanische Häppchen, wir lachten, redeten und tranken zusammen bis spät in die Nacht. Rucksack und Pilgerschuhe standen bereits gepackt an der Tür, alles war schon zum Aufbruch bereit. Wie schön, wenn man wirklich gute Freunde hat.

Endlich, mit etwas mehr als 15 Minuten Verspätung, setzt der Zug sich in Bewegung. Der Umstieg am Folgebahnhof eigentlich nicht mehr zu schaffen. Als der Zug in den Karlsruher Bahnhof einfährt, krampft sich meine Faust bereits angespannt um den Türknauf, so dass die Knöchel weiß hervortreten. Die Sekunden, bis die Bahn endlich wie in Zeitlupe mit quietschenden Eisenrädern zum Stillstand kommt, scheinen sich schier endlos in die Länge zu ziehen. Im nächsten Moment reiße ich bereits die Türe auf, hüpfe auf den Bahnsteig und sprinte los. Die Treppen hinunter und am nächsten Aufgang wieder hinauf. Und tatsächlich, hier geschieht das erste kleine Wunder meiner Reise: Mein ICE steht noch da! Ich springe hinein, im nächsten Moment ertönt der Pfiff, die Türen schließen sich, und der Zug setzt sich in Bewegung.

Geschafft!

Mein Puls rast und mein Herz schlägt so laut, dass man es zweifelsohne im gesamten Großraumwagen hören kann. Was für eine Aufregung gleich zu Beginn meiner Reise. Das kann ja heiter werden! Glücklicherweise verläuft die restliche Reise planmäßig und ohne ähnliche weitere Zwischenfälle. Ankunft in Paris am frühen Vormittag. Hach, wie ich diese Stadt liebe! Nach einem guten Tipp aus dem Internet habe ich mir die Metro Fahrkarte bereits beim Schaffner im ICE gekauft und erspare mir so nun das Anstehen und umständliche Herumtippen am Fahrkartenautomaten. Und ab geht's mitten hinein in den immerzu vollen und wuseligen, einem Ameisenhaufen gleichen Metro-Untergrund. Mit der Linie 4 Richtung Porte d'Orléans quer durch Paris bis zur Haltestelle Montparnasse Bienvenue. Nach einigen Minuten Fußweg und zweimaligem Nach-dem-Weg-Fragen bei vorübereilenden Passanten in meinem besten Französisch (zu irgendwas muss es ja gut sein) erreiche ich den Bahnhof Montparnasse.

Kurz darauf mache ich es mir gerade oben im Doppelstock-Wagon des Zuges nach Bordeaux an einem Fensterplatz bequem, als sich auf den Sitzen der anderen Gangseite ein Tumult erhebt. Ein Franzose sucht aufgeregt nach seinem Portemonnaie. Er ist sich sicher, dass er es gerade eben zusammen mit seiner Aktentasche oben in die Gepäckablage gelegt hatte. Seine Reisebegleiter und er selbst suchen alles ab, unter den Sitzen, auf dem Boden, in den Schlitzen zwischen den Sitzen, in allen Taschen, einfach überall - vergebens. Das Portemonnaie mit Geld, Karten und wichtigen Dokumenten ist verschwunden. Der gesamte Großraumwagen wird Zeuge eines aufgeregten Eklats. Ein Schaffner wird hinzugezogen, kurz darauf gefolgt von einem Sicherheitsbeamten. Es wird in der den Franzosen eigenen Art laut wild diskutiert und ausladend gestikuliert.

Diebstahl, der Geldbeutel wurde gestohlen! Der Reisende ist sich sicher und keiner kann ihn beschwichtigen. Mich selbst beschleicht ein mulmiges Gefühl, hatte ich doch im Unterbewusstsein gleich nach dem Einsteigen einen Mann wahrgenommen, der ebenfalls die Sitzreihen entlangging, sich kurz setzte, dann aber wieder aufstand, seine Tasche aus der Gepäckablage nahm und den Wagon vor Abfahrt des Zuges verließ. An sein Aussehen kann ich mich nicht mehr richtig erinnern und natürlich kann ich auch nicht mit Sicherheit sagen, dass er es war, der das Portemonnaie gestohlen hat.

Ich hatte vorab einiges über die Maschen der Zug-Diebe gelesen, die leider überall und häufig auf sehr gemeine und hinterhältige Art zuschlagen.

Aufgebracht verlangt man nun nach der Polizei, und der Geschädigte lässt sich vom Schaffner und Sicherheitsbeamten nur mäßig beruhigen. Die gesamte Fahrt bis Bordeaux verbringt er am Handy telefonierend. Mal mit der Polizei, mal mit Familienangehörigen, mal mit offiziellen Stellen, um Karten zu sperren, weiteren Schaden möglichst abzuwenden und notwendige Maßnahmen in die Wege zu leiten. Dabei streift er alle Fahrgäste in regelmäßigen Abständen mit prüfendem Blick. Jeder ist verdächtig. Unter seinen stechenden misstrauischen Adleraugen fühle ich mich unschuldigerweise zunehmend unwohl. Trotzdem tut der Mann mir leid. Wie gemein, andere auf solche Art und Weise um Hab und Gut zu bringen.

Ich steige mit meinem Fuß durch die Rucksackschlaufe und klemme mein Gepäck sichernd zwischen meinem Bein und der Wand ein. Dazu taste ich immer wieder nach dem Geldbeutel in meiner Jackentasche, in dem ich gerade einmal zwanzig Euro habe. Mein gesamtes Barvermögen von 250 Euro, eine EC- und Kreditkarte, sowie mein Personalausweis sind sicher verwahrt in einem winzigen blauen, unscheinbaren Kindergeldbeutelchen mit Reisverschluss, verziert mit Hase Felix, der mitten in meinem Rucksack an einer möglichst sicheren Stelle zwischen Wechselwäsche und Socken steckt.

Dieser kleine Geldbeutel hat in Kindertagen bereits einer unserer Töchter gute Dienste erwiesen, und für meine Pilgerreise hat sie ihn mir nun freundlicherweise großzügig überlassen. So versuche ich das Risiko möglichst gering zu halten. Wann immer ich mit Geld hantiere, versuche ich es nur aus dem „Low-Budget-Geldbeutel" heraus zu tun, den ich bei Bedarf immer wieder in sicherer Umgebung aus dem Felix-Beutel nachfüllen kann.

Draußen fliegen Felder, Wiesen und Wälder vorüber. Hier im Herzen Frankreichs ist alles grün, dünn besiedelt, und über weite Strecken sieht man kaum Ortschaften, geschweige denn Städte. Allenfalls sieht man Kühe oder Schafe auf den Weiden. Je südlicher wir kommen, desto mehr verändert sich die Vegetation, und irgendwann kurz vor Bordeaux tauchen erste Palmen auf und vermitteln mir sofort ein Gefühl von Urlaub, Entspannung und dem besonders von den Südfranzosen perfekt inszenierten „Savoir-vivre".

Beim Herumschlendern am Bahnhof von Bordeaux werden Erinnerungen wach an eine Inter-Rail-Tour, die ich damals nach der Schulzeit mit 19 Jahren unternommen hatte. Unglaublich, das liegt nun beinahe 30 Jahre zurück! Was nicht alles in dieser Zeit an Erlebtem und an Veränderung lag – und doch, eigentlich bin ich noch immer derselbe, und weiterhin ist das Leben spannend, im Fluss und neben allen festen Größen ist die Lust auf Neues, Veränderung und Wandel ungebrochen. Nach wie vor gibt es neben Alltag, Verpflichtungen und Verantwortung den Träumer und heillosen Romantiker in mir.

Weitere zwei Stunden später stehe ich am kleinen Bahnhof von Bayonne und warte auf meine letzte Zugverbindung, die mich nach Saint-Jean-Pied-de-Port bringen wird. Trotz der langen Reise, den zahlreichen Zugfahrten und mitunter stundenlangem Warten auf eine Anschlussverbindung, ist der Tag schnell vergangen. So kurz vor dem Ziel kommt nun doch etwas Aufregung auf. Ich bin so gespannt, wie es heute Abend werden wird, zuerst im Pilgerbüro und dann in der öffentlichen Herberge, die man nicht vorreservieren konnte.

Und dann sehe ich auf einer der Wartebänke des Bahnhofs die erste Pilgerin! Eine junge Frau mit entsprechendem Outfit, Rucksack und Jakobsmuschel eindeutig als solche identifizierbar. Ich bin also nicht der Einzige, der im November auf dem Jakobsweg pilgern möchte!

Auch ich habe eine Jakobsmuschel in meinem Gepäck dabei. Man bringt sie außen gut sichtbar am Rucksack an oder trägt sie an einer Kette um den Hals. Bereits im Mittelalter war die Jakobsmuschel Zeichen der erfolgreichen Pilgerschaft, denn die sogenannten Jakobsmuscheln gab es vor allem an den Stränden Galiciens zu finden. Sie bewies, dass der Pilgernde den weiten Weg tatsächlich bis zum Ziel gegangen war. Ursprüngliches Ziel eines jeden Pilgers war das Grab des Apostel Jakobus in Santiago de Compostela. Durch den zurückgelegten Pilgerweg erhoffte man sich Läuterung, Sühne und Vergebung von Schuld und Sünde und hoffte so auf die Gnade Gottes. Egal was man von der Geschichte halten mag, oder ob und an was man sonst auch glaubt: Das sollte man meiner Meinung nach wissen, wenn man sich auf den Weg nach Santiago macht.

Daneben ranken sich kaum zählbare Legenden um den Jakobsweg und die Jakobsmuschel. Eine der Erzählungen besagt, dass der Leichnam des Apostel Jakobus – Namensgeber des Pilgerweges – nach dem Märtyrertod durch die Hilfe von zwei Freunden gestohlen und nach Jaffa, dem heutigen Tel Aviv gebracht worden sei. Mit einem Schiff und einer unsichtbaren Besatzung aus Engeln soll der Leichnam sieben Tage lang auf dem Meer getrieben sein, bis das Boot an der Küste Galiciens bei Iria Flavia strandete. Hier landete das Boot mit dem über und über auf wundersame Weise mit Jakobsmuscheln bedeckten Leichnam an, wurde zunächst auf einen Ochsenkarren verladen und dort, wo der Ochse eine Ruhepause einlegen und sich niederlegen würde, wollte man den Apostel begraben. Das, so die Überlieferung, war Castro Lupario. Die Jünger des Jakobus bestatteten den Apostel auf einem Grundstück, das viele Jahre später letztendlich Santiago de Compostela werden sollte.

Der Name der Stadt setzt sich zusammen aus dem Sanctus Iacobus, dem Heiligen Jakobus, und

Compostela, dem Campus Stellae, oder auch Sternenfeld. Im Kampf gegen die Mauren wurde Jakobus dann Symbolfigur der Reconquista, der Rückeroberung des Landes durch die Christen. Später, mit Beginn der Wallfahrten nach Santiago de Compostela, wurde Jakobus Schutzpatron Spaniens und aller Pilger und Wallfahrer.

Traditionell werden die Jakobswege gerne als Sternenweg bezeichnet. Nach den alten Vorstellungen stellen die Sterne der Milchstraße den Weg der Seelen dar. Das Licht der Sterne ist eine Art Kompass, der wiederum den Weg zum Paradies zeigt. Früher hieß es, das Paradies befinde sich am Ende der Welt. Für die Menschen im Mittelalter war die Küste Galiciens das Ende der Welt, denn kein Mensch war je weitergekommen als bis zu den Ufern des Atlantiks, weshalb man die 98 Kilometer westlich von Santiago liegende Landspitze und den Küstenort Finisterre, abgeleitet von lateinisch „finis terrae", zu Deutsch „Ende der Welt", nannte.

Den Jakobspilger selbst zeichnen seit dieser Zeit also folgende Insignien aus: die Jakobsmuschel, ein Lederbeutel für Proviant sowie ein Pilgerstab. Weiterhin gehörten in alten Zeiten ein Umhang und ein breitkrempiger Hut als Schutz gegen die Sonne und den Regen, sowie eine Kalebasse für Wein oder Wasser zur Ausstattung eines jeden Pilgers.

Kurz darauf sitzen in der kleinen, regionalen Bummelbahn von Bayonne nach Saint-Jean-Pied-de-Port vielleicht fünf oder sechs Fahrgäste. Drei davon sind wie ich offensichtlich Pilger. Als der Zug um 19.25 Uhr am Endbahnhof hält, ist es draußen bereits dunkel. Einen kurzen Moment stehe ich andächtig vor dem kleinen Bahnhofsgebäude und lasse den Augenblick der Ankunft auf mich wirken. Dann haste ich den anderen hinterher die Straße entlang und hinauf in die Altstadt, denn das Pilgerbüro in der Rue de Citadelle 51 schließt laut Reiseführer um 20 Uhr nach Eintreffen des letzten Zuges, außerhalb der Saison wie jetzt mitunter auch schon früher. Es geht durch leere, enge Gässchen, vorüber an alten, schönen Steinhäuschen mit Holzläden und hier und da beleuchteten Fenstern. An einer Straßenkreuzung schließe ich zu den drei anderen auf, die ratlos nach rechts und links die Gasse entlangschauen. Ich zeige wissend nach links, denn ich hatte mir den Weg vom Bahnhof in die Rue de Citadelle bereits auf der Reise auf Google Maps angeschaut. Erleichtert folgen mir die drei: Theo, ein gutgelaunter und gesprächiger junger Kerl aus den USA mit Dreitagebart, der eigens zum Pilgern des Caminos die weite Reise unternommen hat. Die junge Pilgerin kommt aus Rumänien und dann ist da noch Miguel, ein ruhiger Spanier mittleren Alters aus Madrid. In diesem Moment tut es tatsächlich einfach gut, Gesellschaft zu haben und nicht allein durch die nächtliche Ortschaft zu irren.

Und dann sind wir da. Das schwarze Holztor an Haus Nummer 51 ist geschlossen, aber durch das Fenster dringt Licht. Ich drücke den gusseisernen Türgriff hinunter – sie ist offen! Mit lautem

Quietschen schwingt sie auf und wir treten ins Innere. Hinter Holztischen erwarten uns freundlich lächelnd mehrere ehrenamtliche Helferinnen und Helfer. Sie kommen aus unterschiedlichen Ländern und sprechen die verschiedensten Sprachen, damit mit allen Pilgern ein Austausch möglich ist, sie über aktuelle Regelungen informiert werden können und die Pilger ihre Fragen stellen können. Ich sitze einem weißhaarigen Niederländer gegenüber. Er ist sehr zittrig, spricht ein undeutliches Deutsch, was durch einen Sprachfehler noch verstärkt wird, ist aber unglaublich nett, hilfsbereit und außerordentlich bemüht. Ich verstehe leider nur die Hälfte von dem, was er mir erzählt und hätte mich lieber auf Englisch oder Französisch unterhalten, möchte diesen freundlichen Helfer aber unter keinen Umständen verletzen oder kränken. So spitze ich also die Ohren, und reime mir das, was ich nicht verstehe aus Gestik, Mimik und Kombinationsgabe bestmöglich zusammen.

Ich erhalte eine kopierte Liste mit den Adressen der aktuell und über die Wintermonate noch geöffneten Herbergen auf dem Camino, ein weiteres DIN A4 Blatt mit in Etappen eingeteilten, sehr nützlichen topographischen Karten des Caminos, auf denen man die jeweiligen Entfernungen und Höhenmeter – bergauf und bergab – ablesen kann, sowie den Hinweis, dass ab Anfang November für den gesamten Winter die Strecke über den Pyrenäenpass gesperrt ist und man zwingend die Alternativroute über Valcarlos nehmen muss.

Pilgert man trotzdem über den Pass, muss man mit hohen Geldstrafen rechnen. Insbesondere wird man bei Unfällen und notwendigen Bergungen auf dieser Route neben der Geldstrafe für alle Rettungskosten persönlich haftbar gemacht. Damit läuft gleich die erste morgige Etappe ganz anders als geplant. Natürlich hatte ich mich auf die Strecke über den Pass gefreut, war aber auch nervös, gab es vor 14 Tagen doch bereits den ersten Wintereinbruch in den Pyrenäen. Auf zahlreichen Fotos im Internet hatte ich Pilger in kurzen Hosen und in Sandalen in dichtem Schneetreiben durch knöchelhohen Schnee stapfen sehen. Dazu hat es diese erste Etappe bis Roncesvalles auch ohne Wintereinbruch in sich und ist alles andere als ein Zuckerschlecken.

Nun also Planänderung, so ist es eben. Viele Wege führen nach Santiago und wer weiß schon, was das Schicksal sich dabei gedacht hat. Man wird sehen...

Ein paar Häuser weiter liegt die öffentliche Herberge. Jetzt bin ich doch sehr geschafft und müde von diesem ersten Tag und der langen Anreise. Zusammen mit Miguel komme ich in einen engen, mit 9 Stockbetten vollgestopften Schlafsaal. Es gibt genau noch zwei letzte freie Betten. Ganz am Ende des Zimmers wird mir ein oberes Bett zugewiesen. Ich stelle meinen Rucksack in die Ecke und schaue mich um: Sieben oder acht Asiaten, wie sich herausstellt aus Südkorea, sowie einige Spanier übernachten mit im Zimmer. Einige der Pilger liegen bereits in ihren Betten und schlafen. Der nebenan liegende Waschraum sieht wenig einladend aus, nachdem ihn offensichtlich alle anderen Übernachtungsgäste vor meiner Ankunft bereits benutzt haben. Der Boden ist nass und schmutzig und in den Waschbecken klebt Undefinierbares. Ich verschiebe das Duschen auf den nächsten Morgen, in der Hoffnung, dass bis dahin jemand die sanitären Anlagen gereinigt hat, zumal meine Badeschlappen ungeschickterweise ganz unten im Rucksack verstaut sind.

Überhaupt komme ich mit der Packstrategie in meinem Rucksack noch nicht klar. Ich rolle meinen Schlafsack auf dem Bett aus und kämpfe weiter mit der Ordnung in meinem Rucksack. Das, was ich brauche, ist natürlich so verstaut, dass ich nur rankomme, wenn ich alles andere ausräume, und bald schon liegt der gesamte Inhalt meines Rucksacks ausgebreitet auf dem Bett. Unbeholfen versuche ich danach alles möglichst geordnet wieder zu verstauen und bin leicht genervt. Dabei war ich Zuhause der Meinung, alles sehr sinnvoll und effizient gepackt zu haben. An meiner Rucksack-Taktik muss ich in den kommenden Tagen wohl noch arbeiten.

Für Unterhaltungen mit anderen Pilgern bin ich heute Abend viel zu müde, das muss bis morgen warten. Ab jetzt habe ich dafür aber auch beinahe vier Wochen Zeit. Seufzend schiebe ich den für die morgige erste Tagesetappe gepackten Rucksack mit dem Fuß in die Ecke und klettere vorsichtig barfüßig die klapprige Sprossenleiter aufs obere Stockbett hinauf, darauf bedacht, den im unteren Bett liegenden Asiaten nicht zu treten, oder ihm gar meine nackten Füße ins Gesicht zu strecken. Ganz langsam und sachte krieche ich auf allen Vieren auf meine Matratze, wobei das gesamte Bettgestell unter mir gefährlich hin und her wankt.

Doch dann liege ich endlich in meinem Schlafsack, bin einfach froh und ein bisschen stolz, diesen Tag und die Anreise erfolgreich geschafft zu haben, schließe die Augen und versuche, im hell erleuchteten Schlafsaal mit 17 weiteren Pilgern einzuschlafen.

Tag 1, Freitag, 09. November

Saint-Jean-Pied-de-Port – Roncesvalles 28 km

Die erste Nacht ist einfach nur schrecklich. Zuerst kann ich lange nicht einschlafen. Zu viel geht mir durch den Kopf.

Auch bin ich so viele Menschen in meinem Schlafzimmer nicht gewohnt, zumal sich einige noch bis lange in die Nacht angeregt in Zimmerlautstärke unterhalten. Begleitet wird all das von einem ständigen Kommen und Gehen, Türe auf, Türe zu – meist fällt sie dank einem automatischen Schließmechanismus geräuschvoll ins Schloss.

Ab 2 Uhr nachts erklingt dann im 30 Minuten Rhythmus ein Handysong vom Bett des Asiaten unter mir. Der hat doch echt 'ne Meise! Es ist zum Auswachsen. Ich kriege kein Auge mehr zu, döse allenfalls im Halbschlaf noch etwas vor mich hin und bin heilfroh, als kurz nach 5 Uhr (!) die ersten Bettnachbarn bereits aufstehen, das Licht anschalten, ihre Rucksäcke packen und geräuschvoll zu ihrer Tagestour aufbrechen. Ich frage mich, wie sie um diese Uhrzeit in absoluter Finsternis den Weg finden und ohne abzustürzen den Berg hinauf pilgern wollen.

Ein Weilchen gönne ich mir noch im Bett zu liegen. Aus zusammengekniffenen Augen heraus beobachte ich das rege Treiben um mich her. Schon lange vor 6 Uhr in der Früh sind wir dann fast alle auf den Beinen, wach sind eh schon alle. Ich gehe duschen, und nein, es hat seit gestern Abend niemand sauber gemacht, aber ich brauche kaltes Wasser, um wach zu werden. Als ich aus dem Bad zurückkomme, ist der Raum inzwischen fast leer. Ich befestige den zusammengerollten Schlafsack außen am Rucksack, frühstücke in der Küche mit einigen Asiaten, esse eine Orange, eine Scheibe labbriges Toastbrot und trinke eine Tasse Tee.

Und dann ist es soweit: Rucksack auf den Rücken, hinaus in die Nacht und im Dunkeln bei Nieselregen alleine los. Durch die engen Gässchen, vorüber an der Kirche, deren Turmuhr gerade kurz vor 7 Uhr zeigt, über eine alte Steinbrücke und einen engen Durchlass geht es durch Saint-Jean und hinaus aus der Stadt.

Ich bin auf dem Camino, ich bin auf meinem Camino nach Santiago! Ich kann es kaum fassen. Vergessen ist die unruhige Nacht und der fehlende Schlaf. Ich bin hellwach, voller Energie und Tatendrang. Es geht einige Zeit an der kaum befahrenen Straße entlang, was mich gar nicht stört. So habe ich wenigstens festen Boden unter den Füßen, solange es dunkel ist. Dann wird es langsam hell und aus den noch bleichen, grauen Farben tauchen links und rechts langsam Hügel und hoch aufragende Berge auf.

Was wird der Tag mir bringen? Werde ich es schaffen? Ja, vielleicht den ersten Tag – knapp 30 Kilometer bergauf, aber dann? Über 800 km bis

Santiago – und das Ganze in 25 Tagen, denn mehr Zeit habe ich nicht. Es sind meine mühsam zusammengesparten Urlaubstage. Durchschnittlich täglich mehr als 32 Kilometer und das ohne einen einzigen Ruhetag! Ich bin nicht unsportlich, aber das ist eine Entfernung, die ich auch zu Hause noch kein einziges Mal am Stück gewandert bin, geschweige denn an 25 aufeinanderfolgenden Tagen. Eigentlich ein unmögliches Unterfangen.

Wird das Wetter mitmachen? Reicht meine Ausrüstung? Angst, Unsicherheit, Verlorenheit mischen sich wie ein heimtückisches Virus unter meine positive Grundstimmung. Was tue ich hier nur?

„Atmen und gehen, atmen und gehen."

Ich beruhige mich selbst. Eine Teilstrecke könnte ich auch mit dem Bus oder der Bahn fahren. Alles ist möglich, ich muss niemandem etwas beweisen, ich tue das für mich, 25 Tage freie Zeit, nur für mich ganz allein. Ein Geschenk, purer Luxus, also: „Freu dich Marc!"

Ich überhole einige Pilger. Die Landschaft erinnert mich ein wenig ans Allgäu: grüne Hügel, Weiden, Kühe und beschauliche kleine Ortschaften. Das tiefe Atmen hilft. Ich entspanne mich und werde ruhiger. Der Regen nimmt zu und das Wasser läuft mir ins Gesicht. Es stört mich nicht, die positive Grundstimmung kehrt zurück, ich bin froh, glücklich, fühle mich frei, bin aber gleichzeitig noch immer aufgeregt.

In einiger Entfernung wanken vor mir auf dem Feldweg unförmige Gestalten im Regen langsam hin und her. Beim Näherkommen erkenne ich zwei Pilger. Ihre Regenponchos spannen sich wie Zelte über Körper und Rucksack. Als ich auf gleicher Höhe bin, erkenne ich unter der breiten Krempe des einen Ponchos Miguel, den Spanier! Wir freuen uns wie alte Bekannte über das Wiedersehen. Er ist heute Morgen gemeinsam mit Aneta losgepilgert, die er zufällig vor der Herberge in Saint-Jean getroffen hat. Wir unterhalten uns auf Englisch, woher jeder von uns kommt, und bis wohin wir an diesem Tag pilgern wollen.

Miguels Begleiterin Aneta ist eine in Irland lebende Polin. Für mich ist klar, dass es heute nicht weiter als Roncesvalles, oder „Roncevaux" wie es auf Französisch heißt, gehen kann und ich schon heilfroh bin, wenn ich das schaffen sollte. Miguel und vor allem Aneta wollen hingegen, je nachdem, wann sie heute in Roncesvalles ankommen, vielleicht sogar noch weiter pilgern. Ich schaue die beiden ungläubig an. Wie sie das in ihrem sehr gemächlichen Schlenderschritt bewerkstelligen wollen, ist mir ein Rätsel. Ich sage einige Worte auf Polnisch zu Aneta und bin ziemlich stolz darauf, dank eines guten polnischen Freundes ein paar Sätze und Redewendungen ihrer Muttersprache ins Gespräch einbringen zu können. Doch Aneta findet daran wenig Gefallen. Im Gegenteil, sie macht einige spitze Bemerkungen darüber, dass Polen und Deutsche ja aufgrund der Geschichte nun mal nicht wirklich gute Freunde sein könnten. Überhaupt wirkt sie auf mich eher kratzbürstig, wenig zugänglich und zumindest mir gegenüber ziemlich garstig. Ich habe keine Lust auf politische oder weltanschauliche sinnlose Diskussionen und überhaupt will ich eh lieber alleine gehen. Und so wünsche ich den beiden einen „buen camino", ziehe das Tempo an und lasse die zwei hinter mir zurück.

Bald darauf erblicke ich vor mir die Fassade eines großen Gebäudekomplexes am Eingang einer kleinen Ortschaft mit der in großen Lettern angebrachten Werbeaufschrift „Venta Peio". Das ist Spanisch! Ich bin tatsächlich bereits in Spanien und der Supermarkt da vor mir gehört schon zu dem Örtchen Valcarlos! Ich schaue den Weg zurück, auf dem ich gekommen bin, blicke wieder nach vorn, aber nirgends sehe ich auch nur das kleinste Anzeichen einer sichtbaren Grenze. Auf der Straße gibt es weder Schlagbaum noch Zollhäuschen und auch kein Grenzpolizist ist zu sehen. Nicht einmal ein Schild kann ich finden, das mir den Grenzübertritt in ein anderes Land mitgeteilt hätte. Und doch bin ich nun wieder etwas neugierig, was mich hier in Spanien erwarten wird und ob sich Leben, Alltag und Kultur der Spanier von dem der Franzosen unterscheiden.

Im Supermarkt kaufe ich ein Baguette, fülle meinen Wasservorrat auf und weiter geht's! Auf dem Weg liegen Kastanien in stacheliger Schale, in Gemüsegärten wachsen hochaufschießende Zwiebeln und anderes Gemüse, in den Bäumen höre ich Vögel zwitschern. Die Natur ist wunderbar und ich nehme alles bewusst und intensiv wahr. Die frische, vom Regen rein gewaschene Luft mit ihrem Duft nach feuchter Erde, dem saftigen Grün von Gräsern und alten Baumriesen atme ich tief in die Lunge ein. Ich gehe und gehe und gehe. Immer weiter.

Entlang des Weges gibt es überall Markierungen, meist in Form der gelben Jakobsmuschel auf blauem Grund, dazu beinahe an jeder Ecke die gelben Richtungspfeile. Hier kann man sich eigentlich nicht verlaufen. Aber auch Hinweise in jeglicher anderen nur erdenklichen kreativen Form findet man auf Schritt und Tritt, dabei kennt der Ideen- und Einfallsreichtum keine Grenzen. Mal sind es aus vielen bunten Steinen auf den Weg gelegte Pfeile, oder kunstvoll bemalte verwitterte Holztafeln, dann wieder in Stein eingelassene Muschelsymbole, auf Häuserwänden aufgemalte Pilger-Strichmännchen, in bunten Farben auf Felsen geschriebene aufmunternde Sprüche wie „never give up!" oder „keep on walking!", um nur einige wenige zu nennen. Allein über die Wegweiser des Jakobsweges kann man mit Sicherheit ganze Bildbände füllen. In ihnen lebt ein Teil des Camino-Spirits und der Kraft, die geheimnisvoll auf diesem Weg wohnt und die so oft unvermittelt und plötzlich zum

Vorschein kommt, sich zeigt und dem Pilger offenbart, ihm Mut macht und ihn seinen Weg weitergehen lässt.

Der Weg wird steil und steiler und nimmt kein Ende. Vor mir tippelt ein älteres Paar aus Südkorea langsam den Berg hinauf. Die Frau scheint von erheblichen Fußproblemen geplagt zu sein, sie humpelt mit etwas Abstand in Minischritten ihrem Mann hinterher. Als ich die ältere Dame überhole lächelt sie trotz ihrer offensichtlichen Schmerzen so herzlich und freundlich unter ihrem Hut hervor, dass ich sie einfach anspreche. Ich versuche es in allen Sprachen, denen ich mächtig bin, vergeblich. Ich gestikuliere mit Händen und Füßen, doch nichts hilft.

Schließlich lachen wir uns einfach nur an – das funktioniert. Auf dieser Ebene verstehen wir uns perfekt und ohne Probleme. Ihr Mann kommt dazu und zu dritt stehen wir da und lachen uns an. Ein Spanier kommt des Wegs. Er sieht aus wie ein Förster und ist offensichtlich ein Einheimischer. Die Koreaner sind von seiner Erscheinung so begeistert, zücken ihr Handy, drücken es mir in die Hand, nehmen den verdutzten Spanier in die Mitte, posieren auf ihre freundliche asiatische Art und grinsen breit in die Kamera. Ich mache einige Fotos und die beiden danken dem sich ergeben in sein Schicksal fügenden Spanier in dem ihrer Sprache eigenen Singsang, begleitet mit unentwegtem Lächeln und tiefen Verbeugungen. Mit den beiden möchte ich unbedingt auch ein Erinnerungsfoto. Ich stelle mich neben sie, und wir machen ein Selfie – natürlich allesamt breit grinsend. Ich verabschiede mich von diesen überaus netten Menschen, winke, gehe weiter, während die beiden mir ebenfalls lachend und sich verbeugend hinterherwinken. Unglaublich, wie ansteckend solch gute Laune sein kann.

Ich denke lange über diese beiden so zufriedenen Wanderer nach, auch als der Weg jetzt noch steiler wird und pausenlos nur noch bergauf geht. Es wird hart, steil, sehr steil, und ich bekomme Kreislaufprobleme. Mein Wasser geht zur Neige, ich hätte doch mehr Nachschub im Supermarkt kaufen sollen. Vom Himmel fällt dagegen genug davon, aber ich traue mich nicht, Pausen zu machen, weiß ich doch nicht, was heute noch alles auf mich zukommt.

Doch dann bin ich am Tiefpunkt angelangt, kann nicht mehr, bin am Ende meiner Kräfte und das ganze Projekt „Pilgern" bis Santiago scheint mit einem Mal völlig unmöglich. Ich lasse mich auf den nassen Boden zwischen Bäumen, Gebüsch, Steinen und Wurzeln einfach direkt neben dem Trampelpfad auf die Erde plumpsen. Da sitze ich, atme schwer, kaue einen Müsliriegel und trinke meinen letzten Schluck Wasser.

Plötzlich und unvermittelt steht jemand direkt vor mir. Ein großgewachsener, sportlich wirkender junger Spanier: Diego.

Wie aus dem Nichts ist er in seiner blauen Regenjacke, seiner Mütze und einem mächtigen Rucksack aufgetaucht. Mit einem Ächzen lässt er sich neben mich auf den Boden fallen. Auch er ist komplett am Ende. Wie ich ist er heute Morgen auf seine erste Pilgeretappe aufgebrochen. Da sitzen wir beide am Steilhang im Regen im Wald, hocken auf dem nassen Boden, teilen, was wir von unserem Proviant noch übrig haben, unterhalten uns, fassen gemeinsam Mut, bauen uns gegenseitig auf und plötzlich ist da wieder ein winzig kleines Stück Zuversicht, neue Kraft. Wie ein Engel tritt Diego in meinen Weg, ein Wunder, unfassbar. Schließlich rappeln wir uns auf, gehen zusammen weiter, schaffen es gemeinsam über den Puerto de Ibañeta (auf Deutsch: Ibañeta Pass) und erreichen um 14 Uhr als erste Pilger des Tages die imposanten und mächtigen Klostermauern von Roncesvalles!

Das Pilgerbüro des Refugiums öffnet erst um 16 Uhr, also müssen wir noch warten. Von außen hat sich der Regen durch meine Kleidung gearbeitet, von innen bin ich komplett nassgeschwitzt, aber jetzt kommt die Sonne hinter den Wolken hervor und wärmt uns mit ihren Strahlen. Wir gehen schräg über den großen Platz hinunter zur geöffneten Bar La Posada. Im offenen Kamin prasselt ein Feuer und Diego und ich setzen uns an das Tischchen direkt davor, ziehen aus, was geht, hängen die nassen Kleidungsstücke zum Trocknen über die Stuhllehnen und trinken ein kühles Bier, das wohl zu den besten meines Lebens gehört.

Nach und nach trudeln weitere Pilger ein. Zahlreiche Asiaten, die ich bereits aus der Herberge Saint-Jeans kenne. Dann, doch, sie sind es tatsächlich – Miguel und Aneta! Trotz ihres gemächlichen Tempos sind sie jetzt schon hier. Und unglaublich, die beiden pilgern nach einer kurzen Pause tatsächlich noch weiter. Staunend schaue ich den beiden voller Bewunderung hinterher. Respekt. Ich wollte heute keinen Meter mehr weitergehen.

Um 16 Uhr erscheint eine Angestellte des Klosters und öffnet mit einem großen Schlüsselbund das Pilgerbüro, in dem sich alle Pilger zur Übernachtung in den heiligen Hallen hinter den Klostermauern anmelden. Die Mitarbeiterin drückt den Stempel in meinen Pilgerausweis – ein gutes Gefühl – und zusammen mit den vielleicht 10 weiteren Pilgern geht es ins Innere der Anlage. Die Herberge des Klosters, die im Sommer große, geräumige Schlafsäle mit 200 Betten vorhält, wird in der Wintersaison nur auf Sparflamme betrieben. In den geöffneten zwei kleinen Notunterkünften sind insgesamt vielleicht 30 Pilger in engstehenden Stockbetten zusammengepfercht. Der Schlafraum ist bis aufs letzte Bett belegt. Ich habe wieder ein oberes Stockbett direkt neben der Tür erhalten. Für beide Schlafsäle gibt es nur sehr renovierungsbedürftige sanitäre Anlagen mit 2 Toiletten, 3 Waschbecken, 2 Duschen und einer Waschmaschine. Der Weg zum Badezimmer führt für alle 30 Pilger direkt an meinem Bett vorbei. So lerne ich alle anwesenden Pilger kennen. Es sind die unterschiedlichsten Nationalitäten vertreten: Spanier, Franzosen, Amerikaner, Brasilianer, Asiaten und ein paar wenige Deutsche.

Wieder kämpfe ich mit meiner Rucksack-Packstrategie. Es ist wirklich nicht einfach, Hab und Gut sinnvoll zu verstauen, um bei Ankunft oder Aufbruch nicht jedes Mal den gesamten Inhalt entleeren zu müssen. Bis Santiago bekomme ich das aber hin, da bin ich mir sicher.

Aber jetzt erst mal ab zum leckeren Abendessen für Pilger im Restaurant nebenan. Im rustikal, stilvoll und gemütlich eingerichteten Lokal sitzen wir um einen großen, runden, aus dunklem Holz grob gefertigten Tisch. Links von mir Adam aus Manchester, ein geübter Marathon-Läufer, daneben Diego, mein Engel des Tages und in seinem sonstigen Leben Souschef in einem Hotel-Restaurant. Jean-Michel, ein 62-jähriger weißbärtiger Franzose mit Ziehwagen anstatt Rucksack, da seine Schulter kaputt ist. Daneben ein junges Paar aus Brasilien, Theo aus den USA, den ich bereits von der Ankunft in Saint-Jean kenne und Amélie aus Frankreich, eine sympathische, quirlige Französin. Alle reden wild durcheinander auf Englisch, Französisch, Spanisch mit Händen und Füßen, einfach herrlich!

Als Vorspeise gibt es ein Nudelgericht, gefolgt vom Hauptgang Fisch oder Schweinekotelett, zum Nachtisch eingelegte Pfirsiche, dazu Wasser und Rotwein in Glaskaraffen und das Ganze für 10 Euro pro Person. Ich habe Hunger wie ein Wolf und esse alles ratzeputz bis auf das letzte Krümelchen auf.

Die Gespräche drehen sich natürlich um den Camino. Wann man plant in Santiago anzukommen, wie weit man am nächsten Tag vorhat zu gehen und so weiter und so fort.

Zuerst druckse ich etwas herum, denn eigentlich möchte ich meinen morgigen Plan lieber für mich behalten, bin ich mir selbst was das Gelingen anbelangt doch sehr unsicher. Da ich bis Santiago nur wenig Zeit habe, möchte ich am Folgetag nämlich versuchen, bis ins etwa 43 km entfernte Pamplona zu pilgern, obwohl ich weiß, dass dies eine kaum zu bewältigende Strecke und eigentlich purer Wahnsinn ist. Andererseits habe ich mich in der kurzen Zeit seit meiner Ankunft in Roncesvalles trotz der Strapazen des Tages bereits sehr gut erholt, fühle mich jetzt schon ausgeruht und habe keinerlei Fuß- oder Knieprobleme. Natürlich sollte man seine Füße nicht gleich zu Beginn des Pilgerns durch zu ambitionierte Etappen ruinieren, viele Reiseführer warnen davor, aber zumindest versuchen möchte ich es, Pamplona am morgigen Tag zu erreichen.

Als ich den anderen schließlich doch ziemlich kleinlaut meine Pläne mitteile, erklären mich Diego und Adam zunächst für komplett verrückt. Aber kurz darauf habe ich die beiden doch mit dem Gedanken infiziert und bald schon brennen beide mehr für die irre Idee, am nächsten Tag bis Pamplona zu gehen, als ich selbst. Ob das mal gut geht...

Nach dem Abendessen kommen wir gerade noch rechtzeitig in die Kathedrale zur Pilgermesse. Für mich ist es ein sehr besonderer Moment, voller Stille und Heiligkeit. Ich empfinde große Dankbarkeit für den erlebten Tag, fühle mich begleitet, getragen und gut aufgehoben. Mönchsgesang erklingt hinein in das riesige, himmelhohe, fast leere Kirchenschiff der Kathedrale. Ich schließe die Augen, bin ganz bei mir und erlebe sehr intensive Momente.

Es ist nicht wichtig, welchen Glauben man hat und in welcher Religion oder Konfession man zuhause ist, oder ob man ganz gut ohne zurechtkommt. Keinem von uns steht es zu, den Glauben anderer zu bewerten und keiner von uns weiß, wie die Wahrheit hinter allem Unfassbaren und Unsichtbaren wirklich aussieht. Sicher bin ich mir nur, dass der, der ehrlich, aufrichtig und von ganzem Herzen auf die Suche geht und sich öffnet, etwas finden wird, was ihn auf geheimnisvolle Art erfüllt und innerlich reich macht.

Am Ende der Messe treten alle Pilger nach vorn und empfangen jeweils in ihrer Muttersprache eine Segnung für ihren Pilgerweg.

Meine Erkenntnis des ersten Tages: Oftmals liegen Strapazen und Aufgeben auf der einen und wiederkehrende Energie, Mut und Zuversicht auf der anderen Seite, nur eine kurze Begegnung und wenige Meter Wegs auseinander. Dazu erreicht

man wirklich schwierige Ziele nicht als Einzelgän-
ger, sondern nur gemeinsam.

Tag 2, Samstag, 10. November

Roncesvalles – Villava-Atarrabia 39 km
Gesamt 67 km

Auch in der zweiten Nacht schlafe ich schlecht – trotz Ohropax. Am Morgen sind alle wieder früh wach. Geschäftiges Packen umgibt mich, es herrscht Aufbruchstimmung. Einige reden ständig oder suchen die Gemeinschaft und den Gedankenaustausch mit anderen Pilgern und motivieren sich so für die anstehende Etappe. Hier und da wird bereits überschwänglich lautstark über den kommenden Tag, die beste Route und nächste Übernachtungsmöglichkeiten diskutiert, andere treffen ihre Vorbereitungen ernst und schweigend ganz für sich allein.

Diego hat bereits nach dem gestrigen Tag schlimme Blasen an den Füßen. Er meint, er trage die falschen Socken. Während er seine Füße mit Salbe einreibt und anschließend großflächig bepflastert, erklärt er, dass er deshalb aber natürlich keinesfalls zurückbleiben wird, sondern mit uns nach Pamplona kommt. Ich betrachte ihn nachdenklich, wie er trotzig und mit verbissener Miene den Gang wie auf Eiern auf und ab humpelt, um seine Pilgertauglichkeit unter Beweis zu stellen, nicke ihm dann aber aufmunternd lächelnd zu.

Im Restaurant, in dem wir gestern Abend so lecker zu Abend gegessen haben, gibt es jetzt für gerade mal 3,50 Euro ein reichhaltiges Frühstück. So gestärkt starten Adam, Diego und ich um 7.25 Uhr in beinah kompletter Dunkelheit und wolkenbedecktem Himmel bei morgendlichen 5° Celsius.

Bisher bin ich mit meiner Pilgerkleidung sehr zufrieden. Ich habe mich für die Zwiebeltaktik entschieden und trage über dem T-Shirt eine Strickjacke und darüber eine dünne, qualitativ hochwertige Outdoor-Regenjacke.

Eigentlich mache ich mir überhaupt nichts aus teuren Markenklamotten. Im Gegenteil: In aller Regel trage ich „No-Name" Kleidung und kaufe, was mir gefällt und nicht allzu teuer ist. Meine T-Shirts trage ich gerne, bis sie irgendwann so viele Löcher haben, dass ich sie schweren Herzens als Öltuch in der Garage oder als Putzlappen verwende. Beim Betrachten alter Urlaubsfotos kann es mitunter vorkommen, dass meine Frau oder meine Töchter sagen: „Guck mal, das T-Shirt, das du heute trägst, hattest du damals schon!"

Diese Marken-Outdoor-Jacke für den Camino ist für mich also eine echte Ausnahme-Investition. Für schwere Regenfälle habe ich für den Fall der Fälle noch ein Regencape im Gepäck. Dazu eine leichte lange Wanderhose und für richtig kaltes Wetter lange Unterhosen. Bei den Schuhen habe ich sehr leichte Hiking-Schuhe aus Gore-Tex ausgesucht. Richtige Wanderschuhe sind mir viel zu schwer und auf dem Camino geht es beinahe ausschließlich über leichtes Terrain und schließlich nicht ins Gebirge. Von den doppellagigen Wandersocken bin ich vom ersten Augenblick an überzeugt und meine Füße fühlen sich darin einfach nur wohl. Auf dem Kopf trage ich einen breitkrempigen Hut. Guter Schutz gegen Wind, Sonne und Regen. So sollte ich für die verschiedenen Witterungen und Temperaturen ausreichend vorbereitet sein, solange keine extremen Wetterverhältnisse eintreten.

Es war nur ein kurzer Vorbote des kommenden Winters, der vor gut zwei Wochen die Pyrenäen mit Temperatursturz und heftigem Schneefall überfiel und die Berge mit einer kalten, glitzernden Schicht Zuckerwatte bedeckte. Doch davon ist zwischenzeitlich nichts übriggeblieben und nach dem gestrigen Nieselwetter-Regentag sieht es heute deutlich besser aus. Bis auf ein paar wenige Tropfen bleibt es trocken und immer wieder bahnt sich über den Tag sogar die Sonne ihren Weg durch die Wolken, während die Temperatur bis in den zweistelligen Bereich klettert.

Es geht zunächst 22 km über die Orte Burguete und Espinal nach Zubiri. Durch bergiges Gelände, auf und ab, mal durch dichten Wald, dann über hügelige Gras- und Weidelandschaften, ist auch die heutige Etappe landschaftlich wunderschön. Mit meinen beiden Reisebegleitern macht es richtig Spaß, unterwegs zu sein. Mal gehen wir nebeneinander, unterhalten uns angeregt über die unterschiedlichsten Themen, mal geht der eine oder andere ein gutes Stück allein für sich vorneweg oder hinter den anderen her und genießt es, den eigenen Gedanken nachzuhängen.

Adam, der eigentlich ein ganz ruhiger Typ ist, beginnt mit einem Mal zu erzählen. Von den Arabischen Emiraten, in denen er die letzten 10 Jahre lebte, über die so ganz andere und fremde Kultur mit vielen für uns seltsam anmutenden Gesetzen und Regeln; über seine unglaubliche Freude bei der Rückkehr in das christlich geprägte abendländische Großbritannien, obwohl er mit Kirche und Religion sonst überhaupt nichts am Hut hat. Trotzdem ist er sehr dankbar für viele Details unserer Art des Zusammenlebens hier in Europa. Ich höre seinen Erzählungen interessiert zu. Als er mitbekommt, dass ich in einer christlichen Kirche aktiv bin, beginnt er mir über Christentum, Bibel, Jesus, Gott, Wiedergeburt aus dem Heiligen Geist und ewiges Leben unzählige Fragen zu stellen. Dabei ist es eigentlich gar nicht mein Ding, theoretisch über solche Themen zu reden, aber nun bleibt mir nichts anderes übrig. Am Ende muss man Glaube selbst erleben, man kann ihn weder beweisen noch herbeireden.

Diego berichtet von seinem Job als Souschef in einem Hotel-Restaurant-Betrieb im Süden Spaniens. Man kann spüren, wie stolz er auf seine Arbeit ist. Dabei erklärt er auch, dass er mit seinen monatlichen 1.000 EUR Nettoverdienst bereits ein überdurchschnittlich gutes Einkommen in seiner Region habe. Andere verdienten in vergleichbaren Jobs nur 800 EUR, das sei ganz normal und viele seiner Freunde seien gar arbeitslos. Er klagt und schimpft mit keinem Wort über die schlechte Bezahlung.

Als wir gerade um eine Wegbiegung kommen und es über Wiesen etwas steiler eine Anhöhe hinaufgeht, sehe ich vor uns einen Pilger, der einen mit großen Ledertaschen links und rechts beladenen Esel hinter sich herführt. Der junge Mann mit Rastalocken und sein vierbeiniger Gefährte kommen aus der Auvergne. Dort, im grünen, bergigen Herzen Frankreichs sind die beiden vor drei Monaten zusammen zu Fuß losgelaufen. Wegen seines Esels könne er nur kürzere Tagesetappen gehen. Sein Tier habe eben ein eigenes Pilgertempo und einen ausgeprägten Dickkopf. Bei seinen Erzählungen muss ich herzlich lachen. Französische Esel scheinen sich hierin nicht von deutschen, griechischen oder Eseln anderer Herkunft zu unterscheiden. Wohl nicht umsonst gibt es die deutsche Redensart „stur wie ein Esel" mit „têtu comme une mule" auch im Französischen. Hat jemand einen ausgeprägten Sturkopf, so sagen die Franzosen hierzu auch gerne „une tête de mule" was so viel heißt wie „den Kopf eines Maultiers haben". Bald schon muss ich die beiden hinter mir zurücklassen. Der Esel will nicht mehr weiter…

Viele Pilger hinterlassen entlang des Weges Andenken der unterschiedlichsten Art. Manche legen an Kreuzen und Gedenksteinen das Bild eines geliebten verstorbenen Menschen ab, manchmal in Verbindung mit einem Spruch, einem Gruß oder einigen geschriebenen Zeilen. Oft sind es auch Bändchen aus Stoff, Leder oder aus geflochtenem Garn. Wenn man Zeit und Muße hat und gerade in der passenden Stimmung ist, tut es gut, an diesen Orten etwas zu verweilen, die Andenken auf sich wirken zu lassen und eigenem Erlebten nachzudenken. Manche Pilger hinterlassen auch einfach ihren Namen und die Nachricht „ich war hier" und ein Datum. Auf meiner heutigen zweiten Tagesetappe begegnet mir erstmals noch eine andere Art des Andenkens: Am Wegesrand steht eine Tafel, auf der ich folgendes lese:

„Im Gedenken an Shingo Yamashita, Japanischer Pilger, hier verstorben im August 2002 im Alter von 64 Jahren. Deine Camino Freunde Nekane und Jose Mari."

Es berührt mich: Ein Pilger, dessen Weg bereits weit vor dem Ziel, dem Erreichen Santiago de Compostelas, plötzlich hier zu Ende war. Was damals wohl passierte? Manchmal kommt es ganz anders, als man es sich vorstellt oder plant. Es gilt, jeden Augenblick des Lebens bewusst zu nutzen und die geschenkte Zeit wertzuschätzen.

Nach Zubiri hinein geht es über die uralte, geschwungene Steinbrücke Puente de la Rabia über den Río Arga. Diese Brücke gab der Ortschaft auch ihren baskischen Namen „Zubiri", der übersetzt „Dorf an der Brücke" bedeutet. Überquert man diese, gelangt man an einer einladend aussehenden Herberge vorbei ins Zentrum des Dörfchens. Die Brücke wiederum verdankt ihren Namen (auf Deutsch: Tollwut-Brücke) einem uralten Ritus. Treibt man sein Vieh dreimal um den Mittelpfeiler dieser Brücke, sei es vor Tollwut geschützt, so die Überlieferung. Demnach sind in diesem Pfeiler Reliquien der Heiligen Quiteria eingemauert. Die Kraft der Märtyrerin schütze das ahnungslose Vieh.

Ich überlege, ob ich Diego vielleicht auch um diesen Pfeiler treiben sollte, denn er kann kaum noch laufen. Vielleicht hilft die Heilige Quiteria ja auch bei Fußproblemen. Bis hierher hat er trotz seiner Blasen tapfer durchgehalten. Aber jetzt sitzt er mit schmerzverzerrtem Gesicht erschöpft auf einer Bank, hat Schuhe und Socken ausgezogen und betastet vorsichtig seine geschwollenen, an einigen Stellen sogar blutenden Füße. Selbst Adam, unser Marathon-Mann, zeigt inzwischen Ermüdungserscheinungen und ich selbst bin ebenfalls ziemlich geschafft. Bis Pamplona sind es immer noch mehr als zwanzig Kilometer – wir haben gerade mal gut die Hälfte des Wegs geschafft! Alle drei sind wir nicht sehr zuversichtlich, was unser vorgenommenes Tagesziel anbelangt.

In einem kleinen Tante-Emma-Laden kaufen wir uns erst mal etwas zu essen. Es gibt unterschiedlichste herzhafte und auch süße Leckereien aus lokaler Herstellung. Anschließend rasten wir auf einer Bank nahe der Puente de la Rabia, essen, trinken, hängen unseren Gedanken nach. Diego kämpft mit sich. Eigentlich hat er bereits entschieden, heute in Zubiri zu bleiben, sich den restlichen Tag auszuruhen und hier zu übernachten, um seine Füße nicht schon am zweiten Tag vollends zu ruinieren. Andererseits hat er auf seine Pilgerreise schon so lange hin gespart. Er will nicht aufgeben. Dazu denkt er an seine Mama, bei der er noch immer wohnt, und die stolz an ihren Jungen denken soll. Um nichts in der Welt will er sie, die bisher in seinem Leben so viel für ihn getan hat, für ihn auf vieles verzichtete, enttäuschen. Und er will hier nicht allein ohne uns zurückbleiben.

Als Adam und ich zum Weitergehen bereitstehen, hält uns Diego an, auf ihn zu warten. In Windeseile schmiert er beide Füße nochmals dick mit Salbe ein, umwickelt die Zehen großzügig mit einer Mullbinde, zieht erneut seine Wanderschuhe an und steht kurz darauf, seine Stöcke links und rechts in der Hand, wild entschlossen vor uns.

Es dauert etwas, bis wir nach der Pause wieder unseren Rhythmus finden. Doch unser Dreiergespann läuft auf dem Weg nach Pamplona zur Hochform auf. Der, der sich von uns gerade am fittesten fühlt, übernimmt die Führung und zieht die anderen als Pacesetter mit. Diese brauchen so nur brav in gleichem Tempo hinter ihm her zu trotten. Verlassen ihn seine Kräfte, gibt er die Führung einfach an einen der beiden anderen ab und so weiter. Das funktioniert prima. Adam ist ein wirklich guter Kerl und hat dazu ein Herz für Tiere. Als wir einige Zeit später nochmals eine kleine Rast einlegen und wir uns aus unserem Proviantvorrat stärken, ist er bald von einer Schar Katzen umringt, denen er großzügig von seinen Broten abgibt. Es kommen immer mehr dazu. Bald schon umstreichen 15-20 Miezekatzen Adams Beine. Er hat solch großes Mitleid mit den sehr mager aussehenden und hungrigen Tieren, dass er eine Dose Ölsardinen aus seinem Notproviant kramt, die er komplett an die begeisterte Katzenmeute verfüttert. Dafür lieben sie ihn heiß und innig und himmeln ihn an. Zweifelsohne ist Adam von uns drei ihr uneingeschränkter Favorit und Held.

Den Punkt absoluter Erschöpfung haben wir heute schon lange hinter uns gelassen. Das Gehen ist inzwischen zu unserem Mantra geworden. Es inspiriert, berührt, tröstet, beflügelt und gibt Kraft. Es befreit von negativen Gedanken, erweitert das Bewusstsein, aktiviert verborgene Ebenen und alles konzentriert sich auf elementare, aufs Wesentliche reduzierte Dinge. Der Kern allen Seins ist ganz einfach: Man atmet, um zu leben. Ein Mathematiker errechnete, dass es im Mittel circa zwölf Atemzüge in der Minute sind, in der Stunde 720 und 17.280 an einem Tag. In einem Jahr kommt man dann auf 6.307.200 Atmungen. Man bleibt in Bewegung, setzt Fuß vor Fuß, macht Schritt um Schritt, um vorwärts zu kommen und um letzten Endes ein Ziel zu erreichen. Leben ist Veränderung, alles muss in Bewegung bleiben, bei Stillstand welkt der Organismus, verkümmert und stirbt am Ende.

Wir pilgern an diesem Tag weiter über Larrasoaña, Zabaldika bis Villava. Vor uns liegt La Trinidad de Arre, eine sechsbögige geschwungene Steinbrücke aus dem Mittelalter, die sich über den Río Ulzama spannt. Etwas weiter unten fließt dieser in den Arga, der von hier aus durch den Zufluss deutlich gestärkt breit und majestätisch ins nahe gelegene Pamplona weiterfließt.

Direkt an der Brücke liegt die gleichnamige kirchliche Pilgerherberge Albergue de La Trinidad de Arre mit der Kapelle der heiligen Dreifaltigkeit, zu der in alten Zeiten auch ein Kloster und ein Pilgerhospiz gehörten. Die Geschichte der Basilika geht bis ins 13. Jahrhundert zurück. Der Ort strahlt so viel Ruhe, Gelassenheit und einen tiefen Frieden aus, dass er mich sofort gefangen nimmt. Hier will ich heute bleiben, auch, wenn Pamplona nur noch 3-4 Kilometer entfernt liegt. Zudem übernachte ich gerne in kleineren Orten ohne den Trubel der großen Städte.

Adam und Diego treibt es weiter in die Stadt, Diego meint, dass an Samstagabenden in Pamplona, wie in den meisten Städten Spaniens Partyzeit sei, und Bars, Restaurants und Kneipen voller Menschen sind. Überall seien die Menschen fröhlich und ausgelassen und feierten das Wochenende. Es macht mir nichts aus, allein hier zu bleiben, das ist in Ordnung. Man verliert sich nicht auf dem

Camino, und wie bereits festgestellt muss jeder seinen eigenen Weg gehen.

Die kirchliche Mitarbeiterin spricht nur Spanisch. Aber man versteht die wichtigsten Dinge auch so, und zudem hatte ich einige Monate vor Beginn meines Pilgerns über eine kostenlose Online-Plattform begonnen, Spanisch zu lernen. Die einfachen Alltagsthemen kann ich immerhin schon formulieren und oft zählt einfach schon der Wille und das Bemühen, sich mit ein paar Worten in der Landessprache auszudrücken, um ein Lächeln aufs Gesicht des Gegenübers zu zaubern. Die freundliche Dame stempelt meinen Pass und führt mich durch das alte Gemäuer, die angeschlossene Basilika und durch einen Innenhof mit Garten hinüber zur Herberge. Die ganze Anlage ist wunderschön und ich fühle mich sofort wohl hier!

Auch die Herberge ist uralt und aus den gleichen unregelmäßigen Steinen erbaut wie das Hauptgebäude. Innen ist es aber blitzsauber. Es gibt eine großzügige, gut ausgestattete moderne Küche mit Herd, Mikrowelle, Spülmaschine und sogar einer Waschmaschine. Mehrere Schlafräume reihen sich aneinander mit insgesamt 40 Betten und nebenan gibt es ebenso saubere sanitäre Anlagen – alles einfach gehalten, aber in sehr gutem Zustand. Und das Beste: Ich bin der einzige Gast und habe die gesamte Herberge ganz für mich allein!

In bester Laune hüpfe ich unter die Dusche, suche mir ein Bett aus, breite meine kompletten

Habseligkeiten aus, wasche die gesamte Wäsche, packe sie hinterher in den Trockner und gehe dann noch schnell, bevor die Läden schließen, ins Städtchen, um mir Lebensmittel für das Abendessen und den nächsten Tag zu kaufen. Mit zwei vollgepackten Einkaufstaschen kehre ich kurz darauf in die Herberge zurück. Trotz der heutigen enormen Tagesstrecke geht es mir schon wieder überraschend gut. Mit meinen Füßen bin ich sehr zufrieden. Ich habe nicht die kleinste Blase und auch sonst keine konditionellen Probleme. Draußen wird es dunkel und drinnen mache ich es mir in der Küche gemütlich, bereite leckere mit Schinken und Käse überbackene Baguette-Hälften zu, dazu gibt es Oliven und andere Antipasti. Ich öffne die Flasche spanischen Rotwein, nehme einen großen Schluck und betrachte meine eingekauften Schätze, die ich appetitlich auf dem großen Küchentisch angerichtet habe. Ich fühle mich reich und glücklich. Nach dem Essen überfällt mich Erschöpfung und Müdigkeit. Schnell räume ich auf, spüle das Geschirr und krieche in mein Bett. Bei meinen Füßen bedanke ich mich mit einer intensiven Massage aus Hirschtalg.

Vor dem Einschlafen lasse ich den Tag nochmals innerlich Revue passieren und ziehe folgendes Fazit: Ich kann es schaffen nach Santiago, ja ich kann es wirklich schaffen! Lange Etappen und weite Entfernungen sind möglich, ohne das gesamte Vorhaben zu gefährden. Also: „Buen Camino, Ultreia und auf nach Santiago!"

Tag 3, Sonntag, 11. November

Villava-Atarrabia – Puente la Reina, 29 km
Gesamt 96 km

Früh am Morgen weckt mich ein Geräusch. Neben mir raschelt es. Ich mache Licht, blinzle aus meinem Schlafsack und schaue direkt in die dunklen, runden Knopfaugen einer Maus, die mich mindestens ebenso erstaunt anstarrt wie ich sie. Im nächsten Moment flitzt sie an der Wand entlang und verschwindet unter den Betten. Gut, dass ich die erst jetzt sehe und nicht schon gestern Abend vor dem Einschlafen entdeckt habe.

Gutgelaunt tapse ich ins Badezimmer, stehe singend unter der Dusche, hüpfe nackig durch die Herberge, bereite belegte Brote für den Tag vor und koche mir heiße Schokolade. Ich frühstücke ausgiebig aus den Einkäufen des gestrigen Abends – sogar mit Orangensaft und fühle mich wie der König der Welt! Für den riesigen Berg an Verpflegung finde ich kaum genügend Platz in meinem Rucksack: Obwohl ich sonst beim Pilgern tagsüber nur Wasser trinke, habe ich gestern Cola und O-Saft eingekauft (nichts geht über eine gute Portion Zucker, wenn die Energie sinkt), Obst und belegte Brote – da kann nichts mehr schiefgehen.

Als ich lospilgere, dämmert gerade erst der Morgen. In der frischen Morgenluft geht es bei beinahe wolkenlosem Himmel durch die Vororte Pamplonas, Hauptstadt der Provinz Navarra. Was für ein herrlicher Tag!

Traurige Berühmtheit erlangte die Stadt nicht zuletzt durch die alljährlich im Juli stattfindenden Stierläufe, bei denen die Tiere von den Menschenmassen durch die Straßen der Stadt getrieben werden. Ein trauriges Kapitel und schauriges Schauspiel menschlicher Grausamkeit, für das ich kein Verständnis aufbringen kann.

Eine breite Brücke führt über den Arga, dann geht es durch die dicken Mauern der Festungsanlage hinein in die Straßen der wunderschönen Stadt. Alles ist noch ruhig an diesem Sonntagmorgen. Nur die Stadtreinigung beseitigt die Reste der samstäglichen Partys in den Straßen und vor den Bars. Über das Kopfsteinpflaster durch die Fußgängerzone, links und rechts gesäumt von altehrwürdigen Gebäuden. Ich schaue nach links, wo hinter der Glasfront einer Herberge in einem hell erleuchteten Raum Gäste beim Frühstück sitzen – und traue meinen Augen kaum: Das ist doch Adam, der da direkt hinter der Scheibe vor einer Tasse Tee sitzt! Im selben Moment entdeckt Adam auch mich, springt auf und kommt aus der Tür zu mir nach draußen gerannt.

„Marc, I just saw you through the window! Diego stays in a hostel nearby. I will start in half an hour. We will meet later. I will catch you up! Buen camino!"

So klein ist die Welt auf dem Jakobsweg – man trifft sich immer wieder.

Bald lasse ich Pamplona hinter mir, es geht hinaus durch leicht hügelige Ackerlandschaft. Die Felder sind bereits abgeerntet und viele schon umgepflügt. Vor mir in der Ferne sind hohe Berge zu sehen. Ich bin froh, die Stadt wieder hinter mir zu lassen. Hier draußen in der Natur fühle ich mich unbeschwert und frei. Direkt vor mir erhebt sich etwas später die Sierra del Perdón, eine Bergkette im Südwesten Pamplonas, mit dem Alto del Perdón, dem Berg der Verklärung, über den der Camino Francés hinüberführt. Stetig ansteigend schlängelt sich der Weg langsam den Berg hinauf und führt dabei mitten durch die kleine beschauliche Ortschaft Zariquiegui. Im Ortszentrum befindet sich direkt am Jakobsweg die Pfarrkirche San Andrés aus dem 13. Jahrhundert. Jetzt um die Mittagszeit taucht die Sonne das spätromanische Bauwerk in ein warmes Licht, das von den Glocken des Turmes reflektiert wird. Sonntäglich gekleidete Menschen treten aus dem Portal des Kirchenschiffs heraus ins Freie. Die Glocken läuten. Still stehe ich einige Zeit da. Das Bild strahlt Erhabenheit aus, man scheint der Zeitlichkeit für einen Moment entrückt und auf eine andere Ebene gehoben, wo nur der Augenblick zählt, außerhalb von Raum und Zeit.

Bereits aus dem frühen Mittelalter gibt es überlieferte Erzählungen von Wallfahrten gläubiger Christen aus ganz Navarra zum Alto del Perdón, wo man sich durch Anbetung der Statue Nuestra Señora del Perdón die Erhörung von Bitten oder die Heilung körperlicher Gebrechen erhoffte. Eine der zahlreichen Legenden, die sich um diesen Ort ranken, berichtet folgendes: Kurz vor dem Alto del Perdón liegt die Fuente de Reniega, die Quelle der Abkehr. Ein Durst leidender Pilger kam von Pamplona den Berg herauf. Ihm erschien im Pilgergewand verkleidet der Teufel und bot ihm Wasser an, wenn er seinem Glauben nur abschwöre. Der Pilger soll lieber bereit gewesen sein, den Tod zu erleiden und blieb standhaft. Da erschien ihm Apostel Jakobus, der Schutzpatron aller Pilger, und führte den erschöpften Pilger als Dank zur erwähnten Quelle und rettete ihm so das Leben.

Inzwischen hat mich Adam tatsächlich eingeholt. Unterwegs hat er sich mit Leila aus Argentinien und Stefanie aus Deutschland zusammengetan. Stefanie kommt aus derselben Gegend wie ich und zum ersten Mal seit meinem Aufbruch unterhalte ich mich wieder auf Deutsch. Zu viert machen wir uns an den Aufstieg zum Gipfel des Alto del Perdón. Von ganz oben hat man eine herrliche Aussicht. Nach beiden Seiten des mit Windrädern in langer Reihe besetzten Bergkamms erstreckt sich soweit man sehen kann weites Land. Der Wind bläst uns nur so um die Ohren. Ein perfekter Ort für Windräder, wenngleich sie das sagenhafte Panorama nach Meinung vieler hier doch erheblich beeinträchtigen. Vielleicht nicht zuletzt aus diesem Grund und als Zeichen der Wiedergutmachung hat die navarresische Wasserkraft- und Windanlagen-gesellschaft hier auf dem Gipfel, direkt gegenüber dem kleinen steinernen Schrein der Jungfrau die eindrucksvolle eiserne Skulptur eines Pilgerzugs gestiftet. Die spanische Inschrift heißt auf Deutsch:

„Wo sich der Sternenweg mit dem Weg des Windes kreuzt."

Irgendetwas an dem eisern rostigen Pilgerzug erinnert mich an Don Quichote, wie er dem Wahnsinn verfallen auf seinem Ross Rosalinde mit Knappe Sancho Pansa an seiner Seite von Abenteuer zu Abenteuer zieht. Der Gedanke ist mir sympathisch. Ich setze mich auf einen Grashügel und für einige Zeit betrachte ich still die beeindruckende Landschaft ringsumher. Selbst mit geschlossenen Augen kann ich die Weite spüren, wenn der Wind mir um den Kopf bläst und vor mir wild und ungestüm über die Gräser ins Tal hinabwirbelt. Wie viele Pilger mögen hier seit dem Mittelalter bereits in ähnlicher Weise verweilt haben, welche Gedanken haben sie auf ihrem Weg wohl begleitet? Irgendwann beginne ich zu frösteln, rapple mich auf und schaue nach den anderen.

Diesen Ort hier und das Kunstwerk mit seiner Inschrift behalte ich jedenfalls als etwas sehr Besonderes in Erinnerung.

Der Wegweiser am Gipfel zeigt nach Südwesten eine steil abfallende, grobe Schotterpiste den Berg hinunter und verrät uns: Noch 10,3 km bis Puente la Reina! Am späten Nachmittag kommen wir an und checken in der Albergue de Peregrinos de los Padres Reparadores ein. Nachdem ich die gestrige Nacht eine große Herberge komplett für mich allein hatte stört es mich nicht, dass es hier bunt und laut zugeht und das Hostel bis auf das letzte Bett mit den unterschiedlichsten Pilgern gefüllt ist. Dazu kostet die Übernachtung nur 5,- Euro und das ist mehr als okay!

Da klopft mir jemand auf die Schulter und raunt mir ins Ohr: „Hey hombre!"

Ich drehe mich um. Diego! Es ist Diego!

„Hola mi amigo!" strahle ich ihn an, und wir drücken uns kurz und fest. Er ist heute alleine gepilgert, in dem Tempo, das er mit seinen zerschundenen Füßen gehen konnte. Aber er hat es geschafft und ist nun da. Wenig später sitzt er frisch geduscht auf seinem Bett und betrachtet die mächtigen, prall gefüllten Blasen an seinen Füßen. Stefanie kommt herein. Als sie Diegos Füße sieht, schlägt sie die Hände vor den Mund:

„Mein Gott, das sieht ja furchtbar aus!"

Sie rennt davon und kehrt kurz darauf mit ihrer imposanten Reiseapotheke zurück. Die beiden arbeiten eine halbe Stunde lang intensiv an Diegos Füßen. Interessiert betrachte ich anschließend seine mit Nadel und Faden aufgefädelten und frisch desinfizierten Füße. Dies ist eine der Methoden, wie man mit Blasen umgehen kann. Den Druck abbauen, indem man die mit Flüssigkeit gefüllten Blasen mit einer Nadel aufsticht, einen Faden durch die Öffnung zieht, damit die Blase offenbleibt und man so ein schnelles Abheilen oder überhaupt das Weitergehen ermöglicht. Gefahr bei dieser umstrittenen Behandlungsmethode: Wenn sich die angestochenen Blasen entzünden ist es vorbei mit dem Pilgern. Andererseits kann das Abheilen gefüllter Blasen einige Tage dauern. Eine Zwangspause und Zeit, die viele Pilger nicht haben. Man hat also die Wahl zwischen Pest und Cholera. In Diegos Blick sehe ich wieder diese wilde Entschlossenheit und ich habe keinen Zweifel daran, dass er sich morgen wieder auf den Weg machen wird.

Am Abend gönnen sich Adam, Diego, Stefanie und ich ein feudales Abendessen in einem Restaurant mit schönem Ambiente. Als Experten des Hotel- und Gaststättengewerbes überlassen wir Diego das Bestellen von Wein und Speisen, und er geht in seiner übertragenen Aufgabe völlig auf.

Zurück in der Herberge ist im großzügigen Aufenthaltsraum des Erdgeschosses noch einiges los. In der Küche wird gekocht, an den Tischen gegessen, einige sitzen bei Wein und Bier zusammen, es wird viel gelacht, diskutiert und weitere Etappen geplant. Ich sitze mit Miguel zusammen, der die Tagestour wieder gemeinsam mit Aneta, der irischen Polin zurückgelegt hat. Miguel kann leider nur bis Burgos pilgern. Von hier fährt er mit dem Zug wieder nach Hause. Länger konnte er keinen Urlaub nehmen. So nimmt er sich für jeden Urlaub ein Teil-stück des Caminos vor, auch das ist möglich und wird von zahlreichen Pilgern so gemacht. Als ich ihm auf seine Frage hin erzähle, dass mein Rückflug von Santiago de Compostela bereits für Dienstag, den 4. Dezember gebucht sei, runzelt er zweifelnd die Stirn. Nach kurzer Überlegung meint er, ich solle mich doch mit Aneta zusammentun, mit der er die letzten Tage gemeinsam pilgerte. Die sei genau so verrückt wie ich und müsse sogar noch zwei Tage früher in Santiago ankommen, ihr Rückflug nach Irland sei bereits für Sonntag, 02. Dezember gebucht. Ihm seien die Tagesetappen, die Aneta plant, viel zu weit. Er würde sich unterwegs viel lie-ber mehr Zeit lassen. Ich bin nicht sehr begeistert, erinnere ich mich doch noch zu gut an ihre ruppige, eher abweisende Art bei unserer ersten kurzen Be-gegnung.

Doch schließlich gebe ich mir einen Ruck und spreche sie an. Und oh Wunder, Aneta kann auch freundlich sein! Kurz darauf ist es abgemacht, am Folgetag wollen wir eine Strecke von ungefähr 30 Kilometern gemeinsam zurücklegen. Das exakte Ziel lassen wir offen – je nachdem, wie wir durch-halten. Wir werden sehen, was der morgige Tag bringt. Der Camino ist immer für Überraschungen gut – wie das Leben selbst...

Tag 4, Montag, 12. November

Puente la Reina – Azqueta, 32 km

Gesamt 128 km

Trotz der vielen Schläfer im Zimmer ist die Nacht überraschend ruhig. Nur Diego im Bett unter mir wälzt sich von rechts nach links und von links nach rechts und spricht im Schlaf, so dass ich im oberen Bett hin und her geschaukelt werde. Die Asiaten starten am Morgen als Erste, lange vor den anderen. Einige der Spanier schlafen noch als ich aufstehe und kurz vor 7 Uhr aufbreche. Zufrieden stelle ich fest, dass ich im Packen des Rucksacks inzwischen eine gut funktionierende Routine entwickle.

Auch dieser Tag hat wieder sein ganz eigenes Gepräge und kein Tag bisher war wie der andere. Heute ist es ein angenehmes Gehen durch leicht hügeliges Gelände ohne hohe Berge und steile Anstiege oder Gefälle. Es geht durch Weinberge und Landschaften wie aus dem Bilderbuch. Ich fotografiere viel und am liebsten würde ich mich mit Staffelei und Leinwand mitten hineinstellen und die besondere, feine Stimmung mit Pinsel und Farbe wie die Impressionisten Monet, Pissarro, Cézanne oder Degas einfangen und festhalten. Ich habe aber weder das Eine noch das Andere, und selbst wenn, wäre der Erfolg wohl eher fragwürdig. Also genieße ich einfach im Hindurchpilgern mit offenen

Sinnen und freue mich still lächelnd an der einmaligen Natur. Auch in den zahlreichen Ortschaften wie Mañeru, Cirauqui, Lorca und Villatuerta, durch die der Weg führt, fotografiere ich viele der wunderschönen alten Holztüren der Häuser in allen Farben und Varianten, verzierte Fensterläden, blumenreiche gusseiserne Balkone, sowie Steinfiguren an den Außenwänden alter Gemäuer, von lieblichen Engelswesen über verzerrte Neidköpfe, Brunnen-Speiköpfe, bis hin zu gruseligen Dämonen. Heute könnte ich mich hier einfach so verlieren und dahinbummeln, aber, es gibt noch einen Weg zu gehen...

Das Feld der Pilger ist zu Beginn des Tages etwas dichter. Auf den ersten Kilometern treffen wir immer wieder auf unterschiedliche Grüppchen von Pilgern. Da sind zunächst einige sehr zielstrebig wirkende Asiaten gefolgt von mehreren Teams verschiedener europäischer Nationalitäten. Dann unsere eigene Gruppe, mit Adam, Diego, Stefanie, Miguel, Aneta und mir. Ein loser Verbund, in dem jeder mit jedem einige Schritte geht und sich unterhält. Hier und da, zum Beispiel an einem Minimarkt, steht die ganze Gruppe mit frisch gekauftem Obst, einem Joghurt, etwas Süßem oder einem Getränk beieinander und dann geht jeder mit etwas Abstand zum nächsten auch mal ein Stück allein weiter. Am Vormittag funktioniert das sehr gut, bringt willkommene Abwechslung und unterhaltsame, interessante Gespräche, bevor sich das Feld am Nachmittag etwas auseinanderzieht und Aneta und ich den anderen davonpilgern.

Tja, und dann ist da noch die multikulti Spaß-gruppe um den ehemaligen englischen Elitesolda-ten der Special Forces: *Frank*.

Man muss den Namen unbedingt englisch aus-sprechen, damit er seine ganze Wirkung entfalten kann. Um ihn scharen sich kichernde spanische Mädchen, einige lautstarke Italiener und in ihrer Mitte, unbeweglich wie ein Fels in der Brandung, eben – *Frank*. Ein mittelgroßer, um die 60 Jahre alter Engländer, in kakifarbenem Military-Look. Ernst, wortkarg, der Brite würde sagen: „A man of few words" und ich würde ergänzen: „...and not much brain".

Wichtigstes Utensil *Franks* (Aussprache nicht vergessen!), ist sein wasserdichtes, hochgebirgs-taugliches, bruchsicheres GPS-Empfänger-Or-tungsgerät, das er allerorts und immer an jeder Weggabelung und in Sichtweite jeder menschlichen Behausung hervorholt, um seinen exakten Standort zu bestimmen. Ich bin mir sicher, dass er damit nicht nur einen direkten Draht zum britischen Ge-heimdienst MI6 und der Queen unterhält, sondern auch Signale von fremden Planeten und hochintel-ligenten Wesen aus weit entfernten Galaxien erhält.

Seine Krönung findet die Episode, als *Frank* (Sie wissen schon), auf einem Hügel stehend, mit dem rechten Zeigefinger sinnend auf die direkt vor uns liegende Ortschaft deutet und mit fester, leicht rauchiger Stimme meint: „*Estella.*"

Aneta und ich, die just in diesem Moment an *Frank* (!) und seiner Reisegruppe vorüberpilgern, bleiben einige Augenblicke sprachlos stehen. Alle Augen in *Franks* Truppe sind bewundernd auf ihren Führer gerichtet, dessen Blick zwischen Horizont und dem Minibildschirm seines GPS-Empfängers hin und her wandert, während ein wissendes Zucken seine Mundwinkel umspielt. Ich hole gerade Luft, um das Schweigen zu brechen, denn das da vor uns ist mitnichten schon Estella. Das vor uns ist ohne jeden Zweifel Villatuerta, ein kleiner Ort ungefähr 4,5 Kilometer vor Estella. Um das zu wissen, benötigt man kein Ortungsgerät. Hierzu genügt der kleine gelbe Jakobsweg-Reiseführer, den ich in meinem Rucksack dabeihabe, der die Strecke mit allen Herbergen, sowie einige Sehenswürdigkeiten sehr schön beschreibt und sogar kleine Kartenausschnitte beinhaltet.

Bevor ich also *Franks* offensichtlichen Irrtum aufklären kann, knufft mich Aneta in die Seite, wirft mir einen warnenden Blick zu und zieht mich weiter. Als wir um die nächste Biegung und außer Sichtweite sind, prusten wir los vor Lachen. *Frank* ist unser Running Gag der kommenden Tage und an jeder zweiten Weggabelung wieder gut für eine neue Comedy-Einlage. Überhaupt ist Aneta wider aller Erwartungen eine richtig gute Wegbegleiterin. Schon vor Erreichen Estellas sind die anderen weit hinter uns zurückgeblieben und wir sind zu zweit unterwegs. Wir quatschen über Gott und die Welt, gehen dann wieder eine Strecke jeder für sich alleine, kommen erneut zusammen, lachen ohne Ende miteinander, sind eine Zeitlang schweigsam ernst, und manchmal von Dingen, die uns begegnen oder beschäftigen, tief berührt. Dabei ist Aneta niemals aufdringlich, jeder respektiert die Privatsphäre des anderen, lässt dem Gegenüber seinen Freiraum, stellt keine dummen Fragen, die einem auf dem Camino von anderen Pilgern immer wieder gestellt werden.

In ihrem Leben jenseits des Caminos ist Aneta mit dem englischen Musiker Marc verlobt. Schon das sorgt bei uns beiden für einige Lacher und viel Gesprächsstoff. Neben dem gleichen Vornamen ist Musik auch für mich eines der tragenden Elemente meines Lebens. Auch wenn sie bei mir nicht Beruf geworden ist, so verbringe ich doch einen Großteil meiner Freizeit mit Musik machen auf verschiedenste Art und Weise. Wir haben uns also viel zu erzählen. Und wir haben ein gemeinsames Ziel: Santiago - und einen gemeinsamen Weg: den Camino - das verbindet ebenfalls. Es ist erstaunlich, wie einen das zusammenschweißt und innerhalb kürzester Zeit tiefe Verbindungen und bleibende Freundschaften entstehen können, was im normalen Leben meist unmöglich ist, oder zumindest sehr lange dauert.

In Estella, dem Tagesziel der meisten anderen in Puente la Reina heute Morgen losgelaufenen Pilger, legen wir eine kurze Rast ein. Auf dem nun folgenden Streckenabschnitt sind kaum geöffnete Herbergen verzeichnet. Einer der Gründe, warum die anderen hier übernachten werden. Pilgern wir weiter, wissen wir nicht, ob wir in absehbarer Entfernung eine Übernachtungsmöglichkeit finden. Andererseits sind die bisher zurückgelegten 22 Kilometer in Hinsicht auf die Erreichung Santiagos in der uns zur Verfügung stehenden Zeit einfach viel zu wenig. Dazu ist es gerade mal Mittagszeit. Wir können heute also noch sehr lange weitergehen – also los!

Von Estella geht es nach Irache. Dabei kommt man am Kloster Monasterio de Santa María de Irache vorüber. Bereits im frühen Mittelalter wurden erschöpfte und kranke Pilger hier im Pilgerkrankenhaus im Inneren der Klostermauern versorgt und gesund gepflegt. Die umliegenden Weinberge gehörten damals ebenfalls zum Kloster und wurden von den Ordensmitgliedern über viele Jahrhunderte bewirtschaftet. Im 19. Jahrhundert wurde das Kloster dann geschlossen, die Weinberge aber im Weingut der neu gegründeten Bodegas Irache weiter bewirtschaftet. Allein der gewaltige Gewölbe-Weinkeller hier bietet Platz für 10.000 Weinfässer! Highlight vorüberziehender Pilger ist die Fuente del Vino en las Bodegas Irache: eine in eine Steinmauer eingelassene kostenlos nutzbare Weinquelle. Drückt man den rechten auf einer Jakobsmuschel eingelassenen Knopf, fließt kühles Trinkwasser.

Drückt man hingegen den linken Knopf, sprudelt Rotwein! In Fortführung der uralten Tradition außerordentlicher Gastfreundlichkeit gegenüber Pilgern, haben die Bodegas Irache diese Weinquelle zu Beginn der 1990iger Jahre hier installiert.

Schon seit Estella liegt mir Aneta mit dieser Weinquelle in den Ohren und schwärmt mir in den höchsten Tönen vor, wie großartig und genial dieser Ort laut vieler Beschreibungen sein solle, und überhaupt sei dies ihr persönlicher Höhepunkt des Tages und eines der Dinge, die sie auf ihrem Camino unbedingt sehen wolle. Erwartungsvoll biegen wir jetzt also um die Ecke des Gebäudes, und da ist sie auch schon – oder besser gesagt, hier sollte sie sein. Denn an der Stelle, an der die Edelstahlarmaturen in die Wand eingelassen sind, gähnt eine Lücke und blankes Mauerwerk. Ein Arbeiter in Gummistiefeln bearbeitet die am Boden liegende Anlage mit einem Hochdruckreiniger.

Wie vom Donner gerührt steht Aneta vor der Szenerie. Ich frage den Mann über den Lärm des auf Metall prasselnden Wasserstrahls hinweg, wann denn die Quelle wieder sprudeln würde und bekomme zur Antwort: Heute nicht mehr. Die alle paar Wochen notwendige Reinigung der Anlage brauche 3-4 Stunden. Wir könnten morgen wiederkommen, da sei sie wieder in Betrieb.

Noch immer starrt Aneta fassungslos auf das Loch in der Wand. Ich stehe stumm daneben. Nach einiger Zeit räuspere ich mich zaghaft und zupfe sie vorsichtig an der Jacke. Stumm trottet sie mit gesenktem Kopf hinter mir drein. Doch nach einigen hundert Metern schlägt ihre Niedergeschlagenheit in Ärger um und sie beginnt zunächst brummelnd, dann immer lauter werdend wie ein Rohrspatz vor sich hin zu schimpfen. Ich verstehe nur einzelne Worte wie „Ungerechtigkeit", „Frechheit" und „Banausen" und muss dabei etwas vor mich hin grinsen.

Doch die frische Luft, das Gehen und vielleicht auch aufkommende Erschöpfung und Müdigkeit tun das ihre, und so ist nach einiger Zeit auch Anetas Ärger verflogen und wird vom Gedanken an ein Übernachtungsquartier abgelöst. Nach weiteren 2 Stunden und 10 Kilometern Wandern kommen wir nach Azqueta, einem kleinen Dorf. Für heute hätte ich nun wirklich genug. Ich kann nicht mehr und möchte endlich irgendwo ankommen, nur wo?

Als wir der Straße folgend den Ort durchqueren, tritt eine Spanierin vor ihr Haus, genau in dem Moment, als wir vorübergehen. Sie klappt das vor hübsch bepflanzten Blumenkübeln stehende Aufstellschild zusammen, um es ins Haus zu tragen. „La perla negra – Casa peregrina" steht in schwungvoller Schrift darauf geschrieben, verziert mit kreidegemalten bunten Blumen und hübschen Bildern. Wir fragen, ob ihre Zimmer für diese Nacht denn schon ausgebucht seien. Elena, die Pilgerunterkünfte hier in ihrem Wohnhaus anbietet, schüttelt etwas traurig den Kopf und antwortet, dass sie für heute gar keine Übernachtungsgäste hat und um diese Uhrzeit auch mit keinen Pilgern mehr rechnet. Deshalb hole sie gerade ihr Schild ins Haus. Aneta und ich schauen uns kurz an. Der perfekte Moment und Wink des Schicksals, unsere Wanderung hier für heute zu beschließen. Wir dürfen einen Blick in eines ihrer Zimmer werfen. Ein liebevoll eingerichtetes Appartement mit 3 Einzelbetten. Auf einem erhöhten Holzpodest stehen Esstisch und Stühle und an den Wänden hängen zahlreiche Bilder. Elena ist Künstlerin und hat alle Bilder selbst gemalt. Wir sind begeistert und fühlen uns sofort wohl. Hier bleiben wir!

In einer Stunde sollen wir zum Abendessen nach oben in ihre Küche kommen. Sie koche für uns aus allen möglichen in ihrem Garten angebauten Gemüsesorten, Gewürzen und weiteren Zutaten. Wir können unser Glück kaum fassen. Es ist wie ein kleines Paradies. Aneta lässt sich als erstes erschöpft auf ihr Bett plumpsen, ich gehe über den Flur ins Badezimmer am Ende des Ganges und dusche erst einmal. Es ist einfach nur herrlich, wenn man nach so einem Tag mit geschlossenen Augen unter den warmen Wasserstrahl stehen kann. Mit jeder Sekunde spült man ein Stück der Strapazen und der Mühe ab. Wenig später klopft es an unserer Tür und Peter steckt seinen Kopf ins Zimmer. Er ist Elenas Freund und kommt ursprünglich aus den USA, wo er im Silicon Valley einen ziemlich coolen Job innehatte, bevor er sich vor etwas mehr als einem Jahr zum Pilgern auf dem Jakobsweg aufgemacht hat.

Wie wir war er dabei an Elenas Haus vorüberge-kommen, hatte hier übernachtet und Elena kennen-gelernt.

Es war Liebe auf den ersten Blick.

Peter blieb einige Tage, setzte seinen Pilgerweg nach Santiago de Compostela fort, kehrte danach zu Elena zurück und blieb. Es ist eine großartige Lie-besgeschichte.

Als wir nach oben in die Küche kommen, sitzen wir lange mit Peter zusammen, der uns erzählt und erzählt, während Elena das Essen zubereitet. Peter ist ein besonderer Mensch, ein Unikat, gebildet, hochintelligent, politisch engagiert, voller Ideen, ein Weltverbesserer, der immer und überall über-legt, wie man die Dinge ein klein wenig besser, um-weltfreundlicher und nachhaltiger gestalten könnte, mit dem Traum von einer besseren Welt im Kopf.

Und selbst hier, mitten in diesem kleinen spani-schen Dorf, hat er bereits begonnen, Initiativen zum Umweltschutz und zur Müllvermeidung ins Leben zu rufen und mit verschiedenen Aktionen für Auf-sehen gesorgt. Doch dabei stieß er auf große Wider-stände, Ablehnung, wurde angefeindet und sogar körperlich angegriffen. Man wolle hier keine Verän-derung. Der Regionalregierung, den Grundbesit-zern und alteingesessenen Spaniern war der Aus-länder von Anfang an suspekt, unbequem und ein Dorn im Auge. Zwischen den Zeilen klingt

Frustration und Resignation in Peters Erzählungen durch. Inzwischen überlegt er ernsthaft, in die USA zurückzukehren, um dort wieder in die Politik zu gehen und vielleicht sogar im Wahlkampf um den Gouverneursposten seines Bundesstaates einzusteigen und mitzumischen.

Währenddessen tischt uns Elena Köstlichkeiten aus eigenem Anbau auf. Kürbiscremesuppe, ein bunter Salatteller, Omelette nach spanischer Art, dazu Rotwein vom Weinberg um die Ecke, selbstgebackenes Brot und all das serviert mit ihrer liebevollen, freundlichen Art. Wir fühlen uns kulinarisch verwöhnt und besser umsorgt als im besten 5-Sterne-Restaurant. Es ist ein herrlicher Abend.

Als wir zu später Stunde zurück in unserem Zimmer sind, reden Aneta und ich noch lange über Peters Träume und Pläne. Uns beiden war es während seinen Erzählungen nicht entgangen, wie traurig Elenas Augen wurden, als Peter von seiner möglichen Rückkehr in die USA sprach. Es war klar, dass sie nicht mit ihm gehen würde, ihre Existenz hier nicht aufgeben wollte und konnte und er sie vielleicht auch gar nicht gefragt hatte, ob sie ihn mit ihrer Tochter begleiten wollte.

Wenn Peter doch nur einfach hierbliebe, um die kleine Welt von Elena, ihrer Tochter und seine eigene ein wenig besser und erfüllter zu machen, wenn sie sich hier gegenseitig Sinn und Zuhause schenken würden, anstatt den aussichtslosen Versuch zu starten, die Welt zu retten. Vielleicht wäre

das viel, viel mehr wert und bei weitem aussichts-
reicher...

Mit diesen Gedanken schlafe ich ein.

Tag 5, Dienstag, 13. November

Azqueta – Logroño, 44 km
Gesamt 172 km

Was tut man, wenn man an einem einzigen Tag 44 Kilometer zu Fuß gehen möchte mit Gepäck auf dem Rücken? Richtig, erstens ist man dann entweder super durchtrainiert, oder einfach etwas naiv (meine Kategorie), zweitens läuft man am besten sehr früh am Morgen los (was inzwischen zur Gewohnheit wird) und drittens macht man den ganzen Tag nichts anderes, als zu gehen – man läuft und läuft und läuft.

Peter hat uns gestern Abend bereits das Frühstück vorbereitet und in einer Kühltasche Butter, Milch, Käse, Orangensaft und Joghurt ins Zimmer gestellt, dazu Brot, selbstgemachte Marmelade und Müsli. Tee und Kaffee können wir uns mit dem Wasserkocher selbst zubereiten.

Während der ersten Stunde unseres Pilgerns verpassen wir in der Dunkelheit zweimal beinahe den richtigen Weg. Glücklicherweise merken wir es sofort, kehren zur Wegkreuzung zurück und suchen mit Stirnlampe und Handyleuchte nach den Camino-Wegweisern. Heute fühle ich mich zum ersten Mal so richtig in meinem Pilgerleben angekommen, ohne die Aufregung oder Anspannung, ein Tagesziel unbedingt erreichen zu müssen, oder zu einer bestimmten Zeit irgendwo sein zu müssen. Es ist ein wunderbarer Tag. Ich gehe, setze Fuß vor Fuß, bin auf dem Weg, eins mit meiner Umgebung, der Landschaft, der Natur und alles ist gut, so, wie es ist. Leuchtend grüne und dunkelblaue Oliven hängen über und über voll an Olivenbäumen entlang des Weges, die Traubenlese geht zu Ende und letzte Traktoren mit Bergen an Weintrauben auf ihren Anhängern fahren über die Feldwege.

Wir sehen den ganzen Tag keinen einzigen Pilger und fragen uns, wo all die anderen abgeblieben sind. Wir machen kaum Pausen, brauchen sie nicht, sind einfach glücklich, unterwegs zu sein.

Im Vorübergehen gibt es in Los Arcos ein leckeres Sandwich mit Schinken und Käse. Nur in Torres del Río, wo wir an einer wunderschönen Pilgerherberge vorüberkommen, setzen wir uns im Innenhof an ein Tischchen in die Sonne und genehmigen uns eine Erfrischung. Heute gibt es strahlend blauen Himmel und Sonnenschein pur. Für November ist es richtig warm und das kleine spanische Lagerbier „Estrella Galicia" schmeckt bei diesem Wetter einfach herrlich.

Im T-Shirt und hochgeschobenen Hosenbeinen geht es weiter und ich bin froh, meinen Pilgerhut mit breiter Krempe auf dem Kopf zu haben, denn die Sonne brennt richtiggehend auf uns herunter.

Irgendwann ist die Kraft eigentlich zu Ende, etliche Kilometer vor Erreichen Logroños. Wir lassen uns auf eine Wiese fallen, ich ziehe Schuhe und Socken aus, fühle das angenehme Gras an den Füßen und schaue in den blauen, wolkenlosen Himmel hinauf.

Manche sagen auch, pilgern sei wie beten mit den Füßen.

Meine Gedanken machen sich selbständig, klettern über die Bäume geschickt ins Blau hinauf und lösen sich etwas von der Erde. Was ist pilgern überhaupt? Und was hat pilgern mit beten und meinen Füßen gemeinsam?

Pilgern ist weit mehr als Wandern. Es ist eine Wallfahrt, ein unterwegs sein mit allen Sinnen, ein Wahrnehmen mit Körper, Geist und Seele. Es ist auch ein geistiges und seelisches Sich-auf-den-Weg-machen, ein Bereit-sein für Neues, ein Bereit-sein, Altes dafür hinter sich zu lassen, es loszulassen. Und auch nur, wenn man so unterwegs ist, enthüllt der Camino einem seine Geheimnisse.

Dabei kommt meinen Füßen eine zentrale Bedeutung zu: Meine Füße tragen mich, sie bringen mich vorwärts, dank ihres Dienstes erreiche ich mein Ziel. Bei all dem sind meine Füße nicht Selbstzweck, bekommen für ihre geleistete Arbeit weder Medaille noch Orden und auch keinen Siegerkranz. Aber ohne sie geht es nicht, ich brauche sie und ich tue gut daran, sorgsam mit ihnen umzugehen, sie zu pflegen und gesund zu halten und selbst, wenn sie Schwielen, Blasen oder Hornhaut bekommen, wenn sie schmutzig und nicht schön anzusehen sind und mich nach langen Tagen müde und abgeschlagen kaum mehr auf den Beinen halten, so gelange ich mit ihnen an neue Orte, entdecke neue Landschaften, sehe die Welt mit anderen Augen und aus einem neuen Blickwinkel. Meine Füße machen die Erfahrung des Pilgerns erst möglich.

Und genauso verhält es sich mit dem Beten. Will ich mich seelisch fortbewegen, sind Gebete die Füße meiner Seele. Ohne sie wird es mir schwerlich gelingen, Glaube zu erfahren oder mich in irgendeiner Weise dem Göttlichen zu nähern.

Ein großer Greifvogel gleitet hoch über mir mit weit ausgebreiteten Schwingen lautlos über den Himmel und schraubt sich immer höher in die Lüfte. Ein perfekter Flugkünstler, der die Thermik genau kennt und in vollkommener Weise nutzt, ohne sie erklären zu können, ohne zu wissen, warum sie funktioniert. Aber seit seinem ersten Flug als Jungvogel hat er es tausende Male immer und immer wieder geübt, hat erfahren, wie die Luft ihn trägt und kann sich inzwischen blind auf seinen Instinkt und sein fein entwickeltes Gespür verlassen. Schließlich verschwindet der Vogel aus meinem Sichtfeld hinter einem Hügel.

Warum bin ich hier? Geht es nur um das Ziel, um das Erreichen Santiagos mit dem Grab des Apostel Jakobus, um dessen Geschichte sich hier entlang des Jakobsweges so viele Legenden ranken? Oder ist das Gehen des Weges das entscheidende Motiv?

Was erhoffe ich, wünsche ich mir von dieser Zeit? Ist es ein Davonlaufen oder ein Entgegengehen? Ein Davonlaufen vor dem Alltag, dem Eingesperrt-sein in Zwänge und Konformitäten, oder ist es ein Weg, ein Entgegengehen, Träume zu leben und Wirklichkeit werden zu lassen? Oder etwas von beidem mit ungewissem Ausgang?

Mancher Weg zeigt sich erst, wenn man ihn ein Stück weit gegangen ist...

Es ist eine aberwitzige Mammuttour, die wir uns heute aufgeladen haben. Warum tut man sich so etwas an? Die Antwort geben bereits die Pilger im frühen Mittelalter. Sie grüßten sich mit dem Gruß „Ultreia!", was so viel heißt wie: „Vorwärts, gehe über dich hinaus!" Über sich hinausgehen, körperlich, geistig über Grenzen zu gehen, neue Wege einzuschlagen, ausgetretene Pfade zu verlassen, bereit zu sein, Bekanntes und Gewohntes hinter sich zu lassen, mutig in unbekanntes Terrain vorzustoßen, dem Leben Raum zu geben. Neu Hoffnung fassen. In manchen Sprachen gibt es für „Hoffnung" kein Wort. In einigen Urvölkern umschreibt man dies mit „durch den Horizont sehen". Vielleicht ist pilgern auch der Weg und der Versuch, einen Blick durch den Horizont zu wagen.

Jetzt ist es Zeit für die eiserne Reserve für Notfälle. Anders schaffen wir es heute nicht mehr. Ich ziehe den kleinen Flachmann aus meinem Rucksack und dazu die Dose mit den getrockneten Früchten. In zwei kleine Blechbecher gieße ich uns Hochprozentiges. Dazu kauen wir langsam und konzentriert das Trockenobst.

Aneta startet von ihrem Handy den Song „Sittin' on The Dock of the Bay" von Otis Redding in der wunderschönen Playing for change Version und dann gehen wir im Rhythmus des Stückes weiter. Schritt für Schritt, Meter für Meter grooven wir Richtung Logroño, begleitet vom Gesang dieser genialen Musiker aus aller Welt. Jeder von ihnen hat seine eigene Geschichte, kommt oftmals aus einem Leben voller Schicksalsschläge, Enttäuschung und Niederlagen und doch strahlt aus ihrem Gesang solch eine Power, Lebensfreude, Zuversicht, solch eine Offenheit, Liebe und Herzlichkeit für die Menschen. Kaum begreiflich. Das beflügelt uns, verleiht uns ungeahnte Kräfte.

Es wird der Song des Tages, der Woche, unseres gemeinsamen Camino-Weges.

Um kurz nach 19 Uhr überqueren wir bei bereits eingetretener völliger Dunkelheit über eine mächtige Brücke gehend den Ebro und betreten die Innenstadt. Wir haben das schier Unmögliche geschafft, wir sind tatsächlich in Logroño angekommen!

Beide sind wir sehr still, in uns gekehrt, als wir durch die Gässchen gehen.

Ja, natürlich sind wir selbst gegangen, haben uns durchgebissen, nicht aufgegeben, und doch ist es ohne jeden Zweifel zu spüren und für mich

Gewissheit: Dass der Tag gelungen ist, wir angekommen sind, ist nicht allein unser Verdienst. Unser eigener Wille und unsere Kraft sind nur ein sehr
kleiner Teil des Ganzen. Würde der Himmel, das
Schicksal oder Universum uns nicht gnädig begleiten, hätten wir es niemals geschafft.

Es ist mir ganz egal, wie andere darüber denken,
ich kann es nicht beweisen und will es auch nicht.
Ich habe es erfahren, erlebt, war dabei, weiß es für
mich, das genügt. Es ist wie mit dem Glauben. Jeder
muss seine eigenen Erfahrungen machen und man
erfährt nur etwas davon, wenn man sich auf den
Weg macht. Niemand kann einem dieses Sich-Auf-
machen abnehmen. Das ist der einzige Beitrag, den
man selbst leisten kann und muss.

Mitten im Zentrum Logroños stehen wir kurz
darauf bei der Anmeldung in der öffentlichen Herberge. Die Mitarbeiter schicken uns nach dem Aus-
füllen des Anmeldebogens und der Bezahlung der
7 Euro Übernachtungsgebühr in den ersten Stock,
hier gäbe es exakt noch zwei letzte freie Betten. Mit
einer unguten Vorahnung stapfen wir mit schlap-
pen, müden Füßen die Treppen hinauf und biegen
links in den Schlafsaal ein. An der Tür bleiben wir
stehen. Der Raum fasst vielleicht 12-14 Stockbetten
und ist bis auf zwei letzte obere Betten voll. Es ist
eng und stickig, dazu ist die Luft erfüllt von einem
Geruch nach Schweiß und Wanderfüßen gepaart
mit intensiven, aus der direkt nebenan liegenden
Küche herüberziehenden Essensgerüchen. Überall

sitzen, stehen und liegen Pilger auf engstem Raum. Handtücher und Kleidungsstücke hängen an jeder freien Stelle, an den eisernen Bettgestellen, an Haken und über den wenigen Stühlen. Aneta ist den Tränen nah. Hier schläft sie keinesfalls, no way. Ich versuche sie zu beruhigen, bin aber selbst genauso wenig begeistert.

Schließlich humpele ich entschlossen die Stufen hinunter zurück ins Anmeldebüro. Einer der Hospitaleros sitzt am Schreibtisch und blickt bei meinem Eintreten überrascht auf. Ich hole tief Luft, werfe die ganze Autorität meines gesetzten Alters, sowie meine bereits grau melierten Schläfen in die Waagschale und trage mein Anliegen auf Englisch vor. Wir seien heute 44 Kilometer gepilgert und meine Begleiterin und ich könnten uns unmöglich noch in zwei obere Stockbetten hinaufhieven. Dazu sei es im Raum auch so schon mehr als eng, ob es denn nicht noch eine andere Möglichkeit der Übernachtung gäbe. Einen Moment betrachtet der Mann mich verwundert. Sein Blick wandert hinunter auf den Schreibtisch, wo noch immer mein Anmeldebogen liegt. Sein Zeigefinger fährt meinen Namen entlang und wandert weiter hinunter in die Zeile meines Herkunftslandes und Wohnortes. Plötzlich hellt sich seine Miene auf.

„Ah, Sie kommen aus Deutschland!" stellt er erfreut in beinahe akzentfreiem Deutsch fest.

„Ich habe zwei Jahre in Ulm gelebt. Das ist gar nicht weit von Stuttgart entfernt."

Er lächelt freundlich. Offensichtlich hält er große Stücke auf meine Heimat. Dann öffnet er eine Schreibtischschublade, zieht einen Schlüsselbund heraus und winkt mir, ihm zu folgen. Wieder geht es die Treppe in den ersten Stock hinauf, vorüber am überfüllten Schlafraum steigen wir dieses Mal aber weiter hinauf in die zweite Etage.

Hier oben ist es still. Kein Mensch weit und breit. Rechter Hand öffnet der Hospitalero einen Raum. Er knipst das Licht an. Vor uns liegt ein weiterer großer, leerer Schlafsaal mit vielen Stockbetten.

„Hier könnt ihr schlafen."

Mit diesen Worten drückt er uns Decken in die Hand, lächelt uns nochmals freundlich zu, geht hinaus und zieht die Tür leise hinter sich ins Schloss. Wir können es kaum fassen. Wir sind die einzigen Gäste hier. Es fühlt sich an wie ein Upgrade in die First-Class ohne Aufpreis. Wir beziehen die Betten, machen uns im großzügigen Waschraum frisch und sitzen kurz darauf in einer Bar nebenan an der Theke. Ohne Gepäck und in Badeschlappen fühlt man sich wie ein anderer Mensch, befreit und beinahe leichtfüßig. Hinter der Vitrine gibt es allerhand leckere, appetitlich angerichtete Häppchen, von denen wir großzügig bestellen. In dieser Region Spaniens nennt man die kleinen, leckeren Snacks Pinchos und nicht wie bei uns zuhause Tapas. Wir essen uns die Vitrine rauf und runter, von kleinen scharf gewürzten Fleischspießen über gegrillte Sardinen sowie herzhaften Tortillas bis hin zu Pinchos, die so lecker aussehen, dass uns schon beim Anblick das Wasser im Mund zusammenläuft, bei denen wir aber keine Ahnung haben, was wir da verspeisen. Und zu all den Köstlichkeiten gibt es Rioja, rubinrot gefärbt, mit dem ihm eigenen intensiven, vollen, fruchtigen und facettenreichen Geschmack, mit leichten Vanille- und Gewürzaromen und der vom Reifen im Barrique herrührenden unverwechselbaren Holznote.

Durch die von Laternen beleuchtete Innenstadt gehen wir zurück in unsere Herberge, wo wir vom Fenster unseres Schlafraumes einen direkten Blick auf den Kirchturm haben.

Mit im Zimmer ist nun noch Monique, eine ältere Dame und Kanadierin. Sie reist nicht als Pilgerin, sondern ist auf dem Weg nach Grañón, wo sie in der kirchlichen Herberge als freiwillige Hospitalera während den nächsten Wochen die Pilger versorgen wird. Monique ist eine Seele von Mensch, offen, hilfsbereit, vorurteilsfrei. Obwohl es schon spät ist, unterhalten wir uns noch lange und versprechen ihr, auf unserem Weg mindestens auf einen Tee bei ihr in Grañón vorbeizukommen.

Als ich endlich im Bett liege und meine Füße wie jeden Abend mit Hirschtalg massiere, machen sich heftige Schmerzen in beiden Beinen bemerkbar, die sich vom Oberschenkel bis hinab zur Wade ziehen. Muskelschmerzen aufgrund der ungewohnten Anstrengungen und extremen Belastung der letzten Tage. Hoffentlich verschwinden die Beschwerden wieder. Im Bett schräg gegenüber verarztet Aneta an ihren beiden Füßen inzwischen aufgetretene Blasen. Sie sagt nicht viel, an ihrer besorgten Miene kann ich jedoch ablesen, dass es ernst ist und sie schwer zu kämpfen hat. Monique löscht das Licht und wir hoffen, dass nach der Nacht ein neuer Morgen auf uns wartet, der Energie und neue Kräfte schenkt.

Tag 6, Mittwoch, 14. November

Logroño – Azofra, 36 km

Gesamt 208 km

Über den heutigen Tag könnte ich Ihnen viel erzählen. Ich könnte Ihnen zum Beispiel erzählen, dass Logroño in den frühen Morgenstunden wunderschön ist und ich die Stadt nur bei Dunkelheit erlebe – sowohl bei der gestrigen Ankunft, als auch heute beim Weiterpilgern in den frühen Morgenstunden, dass ich es liebe, schon vor 7 Uhr zusammen mit Arbeitern, Taxifahrern und Büroangestellten in einer Bar beim Kaffee Cortado und einem Schokocroissant zu sitzen und das pure, direkte Leben zu sehen und zu spüren, so wie es ist, mit seinen kleinen Freuden, seinen Mühen, dem verbindenden Element von Bekanntschaften und kleinen oder größeren Freundschaften, die unser Menschsein mit ausmachen. Dass es im weitläufigen Stadtpark von Logroño zahme Eichhörnchen gibt, die einem entgegenhüpfen, um zu sehen, ob man Nüsse für sie dabeihat, dass sie einem aus der Hand fressen und auch das ein Stück Glück ist, wenn einem eines der buschigen Tierchen die Nüsse aus der Hand nimmt und damit wieder davonhoppelt. Man muss nur achtgeben, dass einem die etwas forscheren Eichhörnchen mit ihren scharfen Krallen und spitzen, kräftigen Zähnen nicht am Hosenbein hinaufklettern.

Ich könnte Ihnen erzählen, dass wir nun die Region Navarra verlassen haben und es durch Rioja geht, durch bezaubernde Weinberge, in denen vereinzelt noch tiefrote Trauben an den Reben hängen. Dass es durch die Städte Ventosa und Nàjera geht und wir es bis zum Abend nach Azofra, einem kleinen Dorf mit 250 Einwohnern schaffen wollen, wo wir eigentlich in einer am Ortsrand liegenden großen, modernen und geräumigen Herberge übernachten wollen. Vielleicht könnte ich Ihnen noch erzählen, dass ich auch heute – wie jeden Tag – in einige auf dem Weg liegende Kirchen eintrete und in knarrenden Holzbänken sitzend für einige Augenblicke dieser ganz besonderen Stille nachspüre und bete.

All das könnte ich Ihnen erzählen. Alles stimmt und alles habe ich so erlebt. Es wäre aber nur ein Teil des Tages und würde diesen kurzen Moment aussparen, in dem der Camino mich heute direkt anspricht, mich packt, durchschüttelt und aufrüttelt. Dabei ist es nur ein kurzer Augenblick, äußerlich betrachtet unauffällig, nicht herausragend und für die Menschen um mich nicht ersichtlich. Nur mich selbst stürzt es von meinem scheinbar sicheren Stand über die Kante hinab in den Abgrund, in einen haltlosen Strudel aus Fragen, auf die ich keine Antworten habe. Ich würde diese Episode lieber für mich behalten, denn sie ist sehr persönlich. Wenn ich Ihnen aber ein ganzes Bild meines Pilgerns geben möchte, dann gehört dieser Teil dazu, dann kann ich ihn nicht einfach so weglassen.

Am Ortsausgang Nàjeras geht es an einem Friedhof vorüber. Warum ich hineingehe, ich weiß es nicht, aber im nächsten Moment stehe ich vor einer Wand mit eingelassenen Grabplatten. In Spanien ist auf den Gräbern meist ein Foto der Verstorbenen in den Grabstein eingearbeitet. Von einem der Fotos schaut ein kleines Baby zu mir herab. Hilflos, mit viel zu dünnen Ärmchen und schmalem Kopf sieht es mir direkt in die Augen. Dieser Blick geht mir durch Mark und Bein und trifft mich mitten ins Herz.

„Oscar Garcia Diego subio al cielo a los 38 dias", steht darunter, mehr nicht.

Doch es genügt, um in mir eine Lawine ins Rollen zu bringen. Der Weltschmerz packt mich am Hals, drückt mir die Luft zum Atmen ab und spült mich mit sich hinfort. Sich mühevoll den Weg ins Leben gebahnt und offensichtlich unter keinem guten Stern geboren - Oscar Garcia Diego. Vielleicht schon zuvor im Mutterleib gekämpft. Und dann, kaum geboren, für 38 Tage weitergekämpft, darum gerungen, leben zu dürfen – und verloren. Nach 38 Tagen einen anderen Weg eingeschlagen.

Warum? Warum darf ich leben und er nicht?

Nach welchem Prinzip wird hier gearbeitet und entschieden? Wo ist der Gott, der die Menschen liebt und alles in seiner Hand hält? Wie ergibt alles einen Sinn? Ich habe viele Fragen und keine Antworten.

Ein Stück weiter sitze ich mitten auf dem Weg, habe Schuhe und Socken ausgezogen. Sitze einfach nur da, will nicht mehr weiter, kann es nicht.

Manche Wege sind kurz, viel zu kurz, voller Leid und Mühe. Andere Wege sind lang und weit. In beiden Fällen weiß man nicht, ob man jemals ankommt und wohin der Weg einen führt.

Ich bin aufgewühlt, vermisse meine Familie und Freunde, möchte das Leben anhalten, will all das Gute festhalten, will, dass es nicht vergeht, dass es bleibt. Doch alles ist im Fluss, lässt sich nicht konservieren, vergeht. Alles krampft sich in mir zusammen.

Wohin führt unser Weg und woher kommen wir?

Vom großen Ganzen verstehe ich kaum etwas, wahrscheinlich sehe ich nur einen winzig kleinen Ausschnitt und mein Verstand ist viel zu beschränkt, die Dinge zu fassen. Ich versuche, ruhig zu atmen. Irgendwann rapple ich mich auf, setze mich mühsam wieder in Bewegung. Ich atme und gehe, setze Fuß vor Fuß, atme ein und aus und gehe weiter, Richtung Santiago. Ich gehe, obwohl ich nichts von all dem verstehe, ich versuche, das Denken einzustellen und einfach nur zu sein. Fuß vor Fuß, Schritt um Schritt. Manchmal muss man geduldig sein. Der Dichter Rilke drückte es in Briefen an seinen Freund Kappus einmal sehr treffend aus:

„…und ich möchte Sie, so gut ich es kann, bitten, lieber Herr, Geduld zu haben gegen alles Ungelöste in Ihrem Herzen und zu versuchen, die Fragen selbst liebzuhaben wie verschlossene Stuben und wie Bücher, die in einer sehr fremden Sprache geschrieben sind. Forschen Sie jetzt nicht nach den Antworten, die Ihnen nicht gegeben werden können, weil Sie sie nicht leben könnten. Und es handelt sich darum, alles zu leben. Leben Sie jetzt die Fragen. Vielleicht leben Sie dann allmählich, ohne es zu merken, eines fernen Tages in die Antwort hinein."

Oscar Garcia Diego, ich bekomme ihn nicht mehr aus dem Kopf und er weicht mir nicht mehr von der Seite. Ich gehe den restlichen Tag weit hinter Aneta oder ein gutes Stück voraus. Immer wieder rollt eine neue Welle heran, nimmt mich mit, spült mich mit sich fort und ich sehe den Weg und die Landschaft nur durch einen Schleier.

Wie um die Vergänglichkeit noch nachdrücklicher zu unterstreichen lösen sich seit Tagen Nähte an meinem Rucksack auf, und ich habe Angst, durch die entstandenen Löcher wertvolle Gegenstände zu verlieren. Obwohl ich einige Stellen mit Nadel und Faden bereits geflickt habe, geht der Zerfall weiter. Ich brauche einen neuen Rucksack. Und Aneta, sie benötigt dringend neue Schuhe und Socken und hofft, damit ihre entzündeten Füße beruhigen zu können.

Aber in den heute durchwanderten Ortschaften gibt es keine geeigneten Geschäfte. Es wird Abend und noch immer sind wir am Gehen. Vorüber an den starken Klostermauern des Klosters Santa María la Real geht es aus Nàjera hinaus und die letzten knappen 6 Kilometer über freies Feld nach Azofra. Abendrot setzt ein und taucht Himmel und Landschaft in unglaubliche Farben. Aneta und ich gehen diesen letzten Tagesabschnitt wieder stumm miteinander und nebeneinander her. Das Naturschauspiel berührt mein Innerstes und es ist, wie wenn der Himmel sich liebevoll tröstend zu uns herunterneigt, uns umfängt und mir das Gefühl ins Herz legt, dass alles gut ist, oder es spätestens am Ende sein wird, auch, wenn heute vieles noch verdeckt ist.

Wie in tausendundeiner Nacht tauchen etwas später die warmen Lichter Azofras in der Dunkelheit vor uns auf. Es ist, wie wenn uns das kleine Dorf erwartet hätte und uns gastfreundlich mit offenen Armen willkommen heißt und schützend in seinen beleuchteten Straßen aufnimmt.

Einen erheblichen Dämpfer erfährt unser Geborgenheitsgefühl, als wir am anderen Ende der überschaubaren Ortschaft vor der großen modernen Herberge stehen. Alles ist dunkel, kein Mensch weit und breit. Über die Wintermonate ist die Unterkunft offensichtlich geschlossen.

Geschockt stehen wir da. Sicher ist, dass wir heute nicht mehr weitergehen können. Wir sind total erschöpft und am Ende. Wir brauchen jetzt und hier ein Bett.

Mitten im Ort gibt es eine einzige Bar. Sie ist hell erleuchtet und alle Bewohner, die noch nicht in den Betten liegen, scheinen sich hier versammelt zu haben. Aneta und ich treten mit unseren geschulterten Rucksäcken ein und gehen, gefolgt von vielen neugierigen Blicken, zur Theke hinüber. Ich mühe mich mit meinem bescheidenen spanischen Wortschatz ab und erkläre unsere Not. Links an einem runden Tisch sitzen die alten Frauen des Ortes bei ausführlichem Klatsch und Tratsch zusammen. Doch nun verstummen die Gespräche und alle Augen sind interessiert auf uns gerichtet. Eine korpulente Frau mischt sich engagiert ins Gespräch ein. Es gäbe zwar keine weitere Herberge und kein Hotel im Ort, direkt neben der Kirche nebenan gäbe es aber das Municipal, eine öffentliche, kirchliche Pilgerunterkunft mit einigen Betten. Eine weitere der alten Damen setzt hinzu, die Unterkunft sei sehr einfach, aber man könne dort kostenlos gegen eine freiwillige Spende, oder, wie die Spanier sagen „donativo" übernachten. Wir müssten uns dort nur in der ausliegenden Liste eintragen. Und eine dritte ergänzt, die Tür der Unterkunft sei offen, es gäbe Duschen, heißes Wasser und Schlafdecken, die wir gerne benutzen könnten.

Wunderbar! Wir sind gerettet, glücklich und bedanken uns strahlend und herzlichst bei diesen netten, freundlichen Frauen, die uns nun allesamt zufrieden und wohlwollend anlächeln. Natürlich liegt nach wie vor eine gehörige Portion Neugier in ihren Blicken und ich kann die Fragen hinter ihrer Stirn förmlich arbeiten sehen: Ob die beiden Pilger wohl ein Paar sind? Oder ob die beiden nur miteinander pilgern, sich unterwegs kennenlernten? Oder ob sie gar eine Affäre miteinander haben? Ich muss grinsen. Gerne trage ich zum weiteren Klatsch und Tratsch des Abends bei, nicke Aneta freundlich aufmunternd zu und wir gehen hinüber zum Anbau neben der Kirche. Die Unterkunft ist vorzüglich, einfach, aber sehr sauber, die Duschen blitzeblank, die Decken duften frisch gewaschen und sind sehr ordentlich zusammengelegt. Wir sind begeistert.

Und wie so oft geschieht auch heute wieder das Mysterium der wundersamen Spontanerholung von allen Strapazen des Tages. Kaum haben wir unsere Rucksäcke aufs Bett geworfen, sind unter die Dusche gehüpft und haben den Staub des Tages abgebraust, fühlen wir uns erholt, befreit und beinahe schon wieder bereit für den neuen Morgen. Die neu entdeckte Energie nutzen wir aber nur noch, um die paar Schritte hinab zur Bar zu gehen. Dort empfängt uns der schon vertraute Frauenclub des Dorfes am runden Tisch sitzend.

Bei unserem Eintreten wird allseits wieder freundlich, wohlwollend und zustimmend genickt, doch natürlich entgeht den aufmerksamen Adleraugen nicht das kleinste Detail unserer Erscheinung. Wir setzen uns auf die Barhocker an der Theke. Ich bestelle Martini und erhalte ein beinahe bis an den Rand gefülltes großes Trinkglas. Vor Aneta steht schon bald ein bauchiges Glas mit dunkelrot gefärbtem Rioja. Dazu stellt die Bedienung eine Schüssel mit Erdnussflips vor uns auf den Tresen. Kann man größeres Glück haben als wir an diesem Abend?

Wir sind beide so sehr dankbar, fühlen uns schon als Teil der kleinen Azofra-Gemeinde, unterhalten uns, lachen, freuen uns über den geschafften Tag, planen die nächste Etappe und versäumen es bei alldem nicht, den wissensdurstigen Damen am runden Tisch in der Ecke genügend Stoff für weitere Spekulationen über unseren Beziehungsstatus zu liefern.

Etwas später schaffen wir es nur noch mit Mühe zurück in die Unterkunft und fallen todmüde in unsere Betten. Die Nacht ist kalt. Ich krieche tief in meinen Schlafsack, ziehe darüber noch eine der schweren Decken und meine Mütze tief über beide Ohren und schließe die Augen.

Tag 7, Donnerstag, 15. November

Azofra – Grañón, 23 km

Gesamt 231 km

Der Aufbruch am neuen Tag – wie kann es anders sein – beginnt in den frühen Morgenstunden. Wir schleichen leise hinaus, damit wir Charles, einen jungen Franzosen und Pilger, der mit uns in der Unterkunft übernachtete, nicht aufwecken.

Lange kommt die Sonne an diesem Morgen nicht durch den Nebel. Ein stiller verletzlicher Tag, mit dem Blick und der Freude an den kleinen Dingen, besonderen Blüten, seltenen Pflanzen am Wegesrand, schwirrenden Hummeln und krabbelnden Käfern. Den Moment leben, im Hier und Jetzt sein, in großer Dankbarkeit für das Leben, im Mitleiden und der Traurigkeit mit den Leidenden, den Gescheiterten und Abgebrochenen, mit den Gedanken an die gestrigen Eindrücke und im Bewusstsein der Verantwortung, die wir mit unserem geschenkten Leben unweigerlich übernommen haben. Den Balanceakt wagen, jeden Augenblick zu genießen, das Leben zu feiern wie ein einziges großes Fest, ohne dabei den Tiefgang auszusparen oder nur an der Oberfläche zu kratzen.

In Santo Domingo de la Calzada finden wir tatsächlich ein geöffnetes Sportgeschäft, in dem Aneta zu neuen Socken und Schuhen und ich zu einem neuen Rucksack komme. Noch im Laden räume ich all mein Hab und Gut in meinen neuen Back-Pack und lasse meinen alten gleich dort. Einige Straßen weiter feiern wir unsere neuen Errungenschaften bei einem leckeren Mittagstisch.

Der Legende nach soll sich hier in Santo Domingo de la Calzada in alter Zeit auch folgendes zugetragen haben: Eine Familie aus Xanten war auf Wallfahrt nach Santiago de Compostela und übernachtete hier in einem Wirtshaus. Die Magd des Wirts versuchte, den Sohn der Familie, Hugonell, zu verführen. Dieser wies sie jedoch zurück, woraufhin sie sich für die Zurückweisung rächte, indem sie ihm einen Silberbecher in sein Gepäck steckte und ihn am nächsten Morgen des Diebstahls bezichtigte. Der junge Mann wurde festgenommen und gehängt, doch bevor die Eltern die Reise fortsetzten, vernahmen sie seine Stimme, er hänge am Galgen, lebe aber noch, da er vom heiligen Jakobus an den Beinen gehalten wird. Die Eltern eilten sofort zum Richter, der im Wirtshaus gerade ein Huhn und einen Hahn verspeiste. Auf die Erzählung der Eltern lachte dieser herzhaft mit der abfälligen Bemerkung, ihr Sohn sei genauso lebendig wie die beiden Vögel auf seinem Teller. Kaum gesagt, wuchs denen neues Gefieder und sie flogen davon – womit die Unschuld des Sohnes bewiesen war.

Noch heute gibt es deshalb in der Kirche Santo Domingo de la Calzadas den um 1460 erbauten gotischen Hühnerkäfig, der einen lebendigen weißen Hahn und eine weiße Henne beherbergt.

Am frühen Nachmittag kommen wir nach Grañón. Hier in der Herberge, die sich im Anbau der Kirche direkt am Marktplatz befindet, wollen wir Monique wiedersehen und unser Versprechen einlösen, das wir ihr in Logroño gegeben haben. Der Eingang des ehemaligen Pilgerhospitals liegt in einem Eckturm der Kirche. Über eine alte ausgetretene Steintreppe steigen wir hinauf und treten über den knarzenden, Jahrhunderte alten Holzfußboden hinein ins Paradies. Der Raum ist groß, mit offenem Kamin, davor eine gemütliche Sitzecke, entlang der Fenster eine lange Tafel für die gemeinsamen Mahlzeiten. Zur Rechten eine offene Küche, links führt eine Treppe hinauf auf die Galerie, wo auf dem Boden liegende Matten das Schlaflager der Herberge markieren. Im Raum wimmelt es nur so von Pilgern aller Nationalitäten: Italiener, Spanier, Asiaten, Franzosen, Engländer, Rumänen, Deutsche und sicher noch ein paar mehr. Doch die unterschiedlichen Sprachen scheinen keinerlei Verständigungsprobleme zu verursachen.

Sofort umfängt einen hier an diesem Ort eine besonders herzliche, offene Atmosphäre des gegenseitigen Respekts, der Aufmerksamkeit und Fürsorge.

Und dann, im nächsten Moment, springt uns eine begeisterte Monique entgegen, umarmt Aneta und mich und wir freuen uns wie langjährige Freunde beim lang ersehnten Wiedersehen. Mit einer Tasse Tee sitzen wir da und beobachten das Treiben um uns her.

Ich staune, staune über diesen besonderen Ort, über den guten Geist, der in diesen Mauern wahrscheinlich bereits seit dem frühen Mittelalter zuhause ist. Sichtbar wirksam wird er in den zuvorkommenden, hilfsbereiten Hospitaleros, die hier unentgeltlich und voller Nächstenliebe im Auftrag der Kirche zu zweit immer für einige Wochen Dienst tun und sich um die Pilger kümmern, bevor sie wieder von den nächsten Hospitaleros abgelöst werden. Wir haben das besondere Glück, dass genau heute die Ablösung stattfindet. Zwei ältere spanische Frauen beenden ihren Dienst und reisen morgen ab und Monique und der Spanier Manuel sind die neu eingetroffene Ablösung. So haben wir für die vielleicht 25 Pilger 4 Hospitaleros an unserer Seite.

Hospitalero oder Hospitalera nennt man in Spanien Personen, die eine öffentliche oder kirchliche Pilgerherberge betreuen oder Pilger bei sich zuhause aufnehmen. Sie leisten diesen Dienst ehrenamtlich, also unentgeltlich und kümmern sich dabei um den Betrieb und den Erhalt der Herbergen. Viele von ihnen sind zuvor selbst nach Santiago de Compostela gepilgert und können so Pilgern über den Verlauf, schwierige Streckenabschnitte und Besonderheiten des Weges hilfreich zur Seite stehen.

Oft nutzen sie einen Teil ihres Urlaubs, um den Freiwilligendienst zu leisten. Andere Helfer kommen aus der ortsansässigen Bevölkerung und investieren ihre freie Zeit in selbstloser Unterstützung der Pilger. Dabei vermitteln sie ganz nebenbei auch das Verständnis für Geschichte, Kunst und Kultur der Umgebung und leisten einen wertvollen Beitrag zu einer von Menschlichkeit und Warmherzigkeit getragenen, sehr lebendigen Camino-Gemeinschaft.

Bis zum Abendessen ist noch Zeit, die wir mit Gesprächen, ausruhen, Tagebuch schreiben, waschen und Rucksack sortieren verbringen. Bei der Sitzecke am Kamin steht ein uraltes Piano. Es zieht mich magisch an, ich gehe hinüber, kann nicht widerstehen und wie von selbst laufen meine Finger die Tasten in Tonleitern hinauf und hinunter. Es ist grauenhaft verstimmt. Die angeschlagenen Akkorde klingen auch nicht besser. Selbst als Westernklavier hätte dieses Modell wohl schon längst ausgedient. Und doch – ich kann nicht anders – und spiele einige Taizé Stücke. Mit dem Erklingen der einfachen, immer wiederkehrenden Melodien, Texte und Harmonien finden sich einige der Pilger ein, summen oder singen mit, oder lauschen still.

Das Abendessen wird gemeinsam vorbereitet. Einige verlängern die lange Tischreihe für die zahlreichen Pilger noch um zwei weitere Tische und Stühle, andere putzen Salat, decken den Tisch mit Tellern und Besteck ein. Stefano, ein sportlicher, junger Italiener mit Wuschellocken übernimmt den

Posten des Kochs und bereitet in riesigen Töpfen und Pfannen mit einigen Helfern gekonnt und voller Elan das Essen zu. Aneta und Andrius, ein Pilger aus Litauen, der uns in den vergangenen Tagen bereits immer wieder begegnete, schneiden Zwiebeln, Karotten, Paprika und weiteres Gemüse. Alle helfen mit. Ich selbst helfe beim Tisch decken und poliere Messer und Gabeln. Es ist herrlich, wie in einer sehr großen Familie. Schließlich sitzen alle um die große Tafel. Der Pater der Kirchengemeinde von Grañón spricht ein Tischgebet auf Spanisch und dann beginnt das Mahl. Die Platten mit Essen werden herumgereicht, keiner häuft sich den Teller übervoll und alle sind darauf bedacht, dass es für jeden reicht. Es tut so gut zu sehen, dass eine Gemeinschaft sich völlig fremder Menschen so gut funktionieren kann. Natürlich wird nach dem Essen auch zusammen abgeräumt, die Tische sauber gemacht, gespült und abgetrocknet.

Wer möchte, ist noch eingeladen, für eine Reflexion des Tages über schmale Turmgänge des alten Gebäudes mit hinüber ins Kirchenschiff zu kommen. Oben auf der Empore sitzen wir im Halbkreis beieinander. Auf großen umbauten Holzstühlen, auf deren Armlehnen brennende Kerzen stehen, die den weiten Raum mit ihrem flackernden Licht in ein ganz besonderes Licht tauchen. Wir lesen Bibeltexte in verschiedenen Sprachen und singen gemeinsam Lieder, lassen den Tag in Stille nochmals an uns vorüberziehen. Anschließend kann jeder, der möchte, etwas über seine Erfahrungen des

Tages oder seines bisherigen Pilgerweges sagen. Egal, ob er es in einer Art Gebet äußert, ob es ein Dank für Erlebtes, für Beistand und Hilfe in schwierigen Lebenssituationen ist, oder ob es aufgrund eigener Sorgen oder Sorgen um einen lieben Menschen Bitten oder Fürbitten sind. So unterschiedlich die anwesenden Pilger sind, so unterschiedlich gestalten sich die Beiträge. Von vielen bin ich sehr beeindruckt. Plötzlich kommt da bei einem bisher sehr raubeinig, machohaft wirkenden Typen eine ganz andere, feine, leise und zerbrechliche Seite ans Licht, die ich ihm überhaupt nicht zugetraut hätte. Bei anderen klingen handfeste Krisen und schwierigste Lebenssituationen durch, die irgendwie überstanden werden müssen.

Schon diese Runde berührt mich, erteilt mir eine Lektion, mich von Vorurteilen und Schubladendenken noch viel mehr zu lösen, denn meist liegt man damit falsch oder sieht nur einen kleinen Teil des Gegenübers.

Als die Reihe an mir ist, habe ich vor Aufregung einen trockenen Mund und feuchte Hände. Dann nehme ich all meinen Mut zusammen, falte die Hände, schließe die Augen und bete laut in englischer Sprache. Ich danke Gott für den bisherigen Weg, für seine Hilfe, seinen Beistand, für all das Gute, das mir widerfahren ist, dafür, dass er stets da ist und uns Menschen liebend im Blick behält. Und ich danke ihm für die Pilger, mit denen ich hier zusammensitzen darf und bitte darum, dass er uns weiterhin in seiner Liebe begleitet.

Der Höhepunkt des Zusammenseins aber kommt zum Schluss. Man wendet sich dem Pilger zu seiner Rechten zu und gibt ihm in der eigenen Muttersprache einen ganz persönlichen Wunsch, eine Segnung mit auf seinen weiteren Weg.

Noch nie habe ich eine solch ehrliche, aufrichtige, aus tiefstem Herzen kommende Runde gegenseitiger wertschätzender, ernsthafter, ja sogar liebevoller Zuwendung erlebt. Nichts davon ist gekünstelt, aufgesetzt, alles kommt von innen, wie es die Menschen um mich her dem anderen gegenüber empfinden.

Das junge Mädchen links von mir bringt mir ihre guten Wünsche auf Tschechisch entgegen. Ich verstehe kein Wort und doch verstehe ich alles. Ihre Gestik, Mimik, Ausstrahlung, ihre Zugewandtheit und Herzlichkeit lassen mich innerlich erbeben und ich kämpfe mit aufsteigenden Tränen.

Rechts von mir wende ich mich jetzt Stefano zu. In diesem Moment sehe ich in dem großgewachsenen sportlichen Athleten, der vorhin in der Küche noch so stark und selbstbewusst wirkte, noch eine ganz andere, verletzliche ja ängstliche Seite. Ich lege in meinen Segen für ihn mein ganzes Herz und die besten, aus meinem tiefsten Inneren kommenden Wünsche.

Als die Runde beendet ist liegt ein tiefer Friede auf allen Anwesenden und wir verharren für einige Augenblicke still und regungslos auf unseren Plätzen. Es ist der Abschluss einer sehr intensiven, besonderen Erfahrung auf meinem heutigen Weg.

Innerlich angefüllt von den Eindrücken des Erlebten gehe ich den Weg zurück in den Gemeinschaftsraum und hinauf auf die Galerie, wo ich im Schlafsack auf meiner Matte noch lange wachliege.

Tag 8, Freitag, 16. November

Grañón – Agés, 43 km

Gesamt 274 km

Es ist Nacht. Ich liege wach und kann nicht schlafen. Ehrlich gesagt habe ich seit ich losgepilgert bin noch keine Nacht gut geschlafen. Verwunderlich, dass ich tagsüber topfit bin und die weiten Strecken beinahe mühelos schaffe. Dass ich nicht gut schlafe, liegt nicht an den schlechten Betten. Vielleicht ein klein wenig daran, dass ich den Schlafraum oft mit vielen anderen Pilgern teile. Aber selbst in der kirchlichen Herberge von Trinidad de Arre, in der ich die Unterkunft ganz für mich alleine hatte, habe ich schlecht geschlafen. Wenn ich nicht mein eigenes Bett zuhause habe, schlafe ich einfach schlecht.

In meinem letzten Job war das ein echtes Problem. Für einen großen Automobilkonzern war ich für einige Jahre als internationaler Sales-Trainer viel auf Reisen, um Verkaufsseminare für Nutzfahrzeugverkäufer zu halten, sie technisch zu schulen und mit guten Argumenten für den Verkauf verschiedenster Spezial-LKWs fit zu machen, oder auch Neuverkäufer auszubilden und zu zertifizieren. Mitunter gab es bei der Einführung neuer Baureihen auch große Trainingsevents zu organisieren und durchzuführen, bei denen sich die Verkäufer der relevanten Märkte wochenlang die Klinke in die Hand gaben. Die einzelnen Seminare wurden je nach Nationalität auf Deutsch, Englisch oder Französisch durchgeführt. Für Italienisch und Spanisch hatten wir Dolmetscher organisiert. So schleusten wir in circa 4 Wochen einige hundert Verkäufer durch das meist zweitägige Trainingsszenario.

Mal waren es die Engländer, die aus allen Landesteilen des Common Wealth kamen, mit teilweise so schlimmen Dialekten, dass ich mindestens die Hälfte der gestellten Fragen und Unterhaltungen kaum verstand, oder mir den Sinn fantasievoll zusammenreimen musste. Dann die diskussionsfreudigen Franzosen, bei denen alles zuerst ein Problem darstellt, welches man lautstark diskutieren muss. Oder die Italiener, die entspannt eine halbe Stunde zu spät zum Trainingsbeginn erscheinen und so den gesamten straff deutsch organisierten Tagesplan durcheinanderbringen. Nicht zu vergessen die Asiaten, bei denen man nie genau weiß, woran man ist, die zu allen Erläuterungen freundlich lächeln und zustimmend nickend Verständnis, Wohlwollen und Zufriedenheit signalisieren, man beim Abschlusstest aber dann entsetzt feststellt, dass sie von den vermittelten Inhalten eigentlich kaum etwas verstanden haben. Für jede Verkäufergruppe ist der gemeinsame Abend nach erfolgreich absolviertem Programm natürlich das Highlight des Events. Vorzügliches Essen, ausgiebig Alkohol und bis spät in die Nacht sitzen, reden und feiern. Für uns als Trainer hingegen nur einer von vielen aufeinanderfolgenden, anstrengenden Tagen und noch anstrengenderen Abenden. Wenn man dann dazu noch wie ich schlecht schläft und nach gerade einmal 3-4 Stunden Ruhe morgens um 8 Uhr wieder frisch, fit und motiviert die neu ankommenden Seminarteilnehmer begrüßen darf, geht es spätestens ab der zweiten Trainingswoche an die Substanz und man kommt auf dem Zahnfleisch daher.

Trotzdem war es eine gute, angefüllte und sehr lehrreiche Zeit. Dazu lernt man die Mentalitäten und Kulturen der unterschiedlichsten Menschen und Länder kennen. Vor einiger Zeit habe ich den Job gewechselt. Ich war des Reisens und Unterwegsseins müde und wollte endlich wieder mehr zuhause bei der Familie sein. Mit dieser Entscheidung bin ich auch heute noch sehr zufrieden und froh, diesen Schritt gegangen zu sein. Und doch tut es nun beim Pilgern gut und weckt viele Erinnerungen, wieder einmal Menschen aus allen Erdteilen und Regionen zu treffen.

Während ich hier in Grañón nun also zwischen zahlreichen Pilgern auf einer harten, dünnen Matte auf dem Boden liege, halten mich nicht nur Erinnerungen an alte Zeiten wach, auch die Muskelschmerzen in den Beinen sind zurück. Dieses Mal aber deutlich stärker ziehen sie in beiden Beinen über die Oberschenkel bis hinab zu den Füßen. So langsam beginne ich, mir Sorgen zu machen. Ich sollte unbedingt einen Ruhetag einlegen, damit mein Körper sich erholen und regenerieren kann.

Im Raum hier oben auf der Galerie unter dem Dach ist es zu allem Übel auch noch warm und stickig. Es ist kaum auszuhalten. Ich quäle mich von Minute zu Minute und von Stunde zu Stunde und die Nacht scheint kein Ende zu nehmen. Neben mir raschelt und zappelt Aneta ebenso unruhig und schlaflos herum wie ich selbst. Um kurz nach 5 Uhr in der Früh halten wir es nicht mehr aus. Zum Glück haben wir bereits am Abend unsere Rucksäcke fast fertig gepackt. So suchen wir uns in beinahe völliger Dunkelheit unsere Siebensachen zusammen und schleichen zur Holztreppe hinunter, die bei jeder zweiten Stufe unter unseren Füßen gequält ächzt und knarrt. Auf Zehenspitzen tippeln wir durch den Aufenthaltsraum und stehen gleich darauf auf den Steinstufen im gemauerten Treppenaufgang des Turms.

Als wir in die angenehme Kühle ins Freie treten, atmen wir tief durch. Wie befreit fühlen wir uns. Der gestrige Nachmittag und Abend mit den vielen anderen Pilgern war einzigartig und wunderschön, die Gespräche unterhaltsam und bereichernd, aber jetzt ist wieder Zeit, um draußen zu sein, unterwegs zu sein, Zeit für Einsamkeit, mit mir allein sein und dafür, die Seele in die Hand zu nehmen und weiterzugehen.

Das zurückliegende Jahr war ein sehr bewegtes. In meiner Freizeit bin ich kirchlich engagiert. Seelsorgerisch, aber noch mehr in der Musik. Lange Jahre selbst in Chören und Orchestern mitgewirkt, leite ich seit Jahren auch verschiedene Orchester und Chöre.

Mein Jahr 2018 war geprägt von einem großen Jugendchorprojekt, dessen Leitung mir angetragen wurde. Neben meinem „normalen" Job her, war dies eine kaum zu bewältigende Aufgabe. Mit 300 Jugendlichen zwischen 13-30 Jahren erarbeitete ich mit einem kleinen, sehr engagierten Team an Co-Dirigenten und Helfern in zahlreichen Samstagsproben ein Chorprogramm, das seinen Abschluss in einem Konzert Anfang November fand.

Es war ein Mammutprojekt, das mich an die Grenzen meiner Fähigkeiten und Belastbarkeit brachte und manchmal auch darüber hinaus. Neben allem Stress, zu lösenden Problemen und kaum zu bewältigenden Herausforderungen brachte die Zusammenarbeit und das gemeinsame Proben mit so vielen jungen Menschen auch unglaublich intensive Momente, tiefgehende Impulse und bleibende Erlebnisse, die ich nicht vergessen werde. Die herzliche Gemeinschaft dieser jungen Menschen zu sehen, ihre Begeisterung für die Sache zu spüren, mit ihnen zusammen beim Vortrag der Stücke schon in den Proben und noch viel mehr in der Generalprobe und dann im Konzert gemeinsam weit über uns hinauszuwachsen, zu Höchstform aufzulaufen und miteinander ein Stück Himmel zu spüren, dafür gibt es keine Worte.

Und wie so oft im Leben lagen auch hier Trauer und Glück eng beieinander. Da ist zum Beispiel

Jenny, eine der 300 Jugendlichen, die ich persönlich, wie auch ihre ganze Familie gut kenne. Kurz vor dem Konzert Anfang November verstarb Jennys Papa nach schwerer Krankheit. In einer kaum vorstellbaren Serie an Schicksalsschlägen in dieser Familie ein weiterer, harter Schlag. Jennys Vater hatte ein Lieblingslied. Dieses Lied war zufällig Teil unseres Konzertprogramms, zum Zeitpunkt der Programmplanung ohne irgendeine Verbindung zu ihm. Festgelegt wurde das Programm bereits mehr als ein Jahr zuvor, ganz zu Beginn der Planungen. Dort war dieses kleine, eigentlich eher unscheinbare Musikstück irgendwie immer wieder durchgeschlüpft, durch jede Planungsrunde hatte es sich hindurchgemogelt, war irgendwie in der Auswahlliste der Stücke für das Projekt stehen geblieben. Ich habe keine Ahnung warum. Es gab hierfür keinen ersichtlichen Grund. Am Ende war es nun also Teil unseres Konzertprogramms und wurde am Samstag, 03. November 2018 aufgeführt - einige Tage nach dem Tod von Jennys Papa.

Es war wie ein persönlicher Gruß, der da aus einer anderen Welt weit hinter dem Horizont tröstend in unsere Mitte fiel.

Dazu fällt mir der Satz ein „Der Camino gibt dir, was du brauchst," und trotzdem: Gehen musst du ihn selbst, auch wenn es mitunter unerträglich scheint. Hinter allem Sichtbaren scheint es doch etwas mehr zu geben und eine Kraft, die es vielleicht gut mit uns meint.

Es ist der Camino unseres Lebens, den jeder von uns geht, der so oft ganz anders verläuft als geplant, wie bei Jenny und ihrer Familie. Ob wir die Schönheit des Weges wahrnehmen, ob wir das, was er uns schenkt und manches Mal auch zumutet annehmen können, liegt oft an uns selbst. Versuchen sollten wir es zumindest immer wieder. Und wenn es schief geht, wir hinfallen, humpeln, Blasen bekommen, zwischendurch eine Auszeit brauchen, „so what?". Dann gilt es, sich nach dem Ausruhen immer wieder neu aufzurappeln und weiterzugehen, „don't give up - nobody's perfect!".

Ich selbst war in dieser Zeit mitunter nahe am Burnout und hangelte mich irgendwie mit letzter Kraft durch das Jahr. Letzte Hoffnung und wie ein Rettungsanker auf schwerer See die Aussicht, direkt nach dem Konzert allein auf den Jakobsweg gehen zu können. Und da bin ich nun, habe alles für einige Zeit hinter mir gelassen. Ich fühle mich gut, ausgeglichen und frei, dabei ganz nah am Puls des Lebens, lebendig, mitten im Geschehen am richtigen Platz. Diese Zeit ist ein Geschenk, purer Luxus, und ich bin unendlich dankbar dafür, sie erleben zu dürfen, all dem Erlebten nochmals nachzuspüren, es zu verarbeiten. Dankbar auch meiner Frau, die mich zu jedem Moment ermutigt hat, meinen Traum umzusetzen und loszuziehen.

Wenn man pilgert und jeden Tag viele Kilometer zurücklegt, verbrennt man unzählige Kalorien, hat einen enormen Energiebedarf und kann deshalb immer und jederzeit essen. Ich kann essen so viel ich will und fühle mich dabei nie übersättigt. Beim Weiterpilgern setzt der Körper alles Zugeführte sofort in Bewegungsenergie um und ich nehme kein bisschen zu. Im Gegenteil, ich verliere stetig an Körpergewicht, werde dünn und dünner und schnalle den Gürtel von Tag zu Tag enger. Dabei bin ich bereits ohne Übergewicht auf meinen Pilgerweg gestartet. Es ist wie bei einem Auto. Um fahren zu können, braucht man einen vollen Tank. Mit genügend Kraftstoff lassen sich dann wieder einige Kilometer zurücklegen, vorausgesetzt man bekommt weder eine Reifenpanne, einen Motorschaden, noch einen anderen technischen Defekt.

Heute jedenfalls schenkt uns der Weg eine Menge Gelegenheiten, uns den Bauch zu füllen, und wir lassen keine einzige davon aus. Es beginnt schon recht früh im „Truck-Stop" an einer Hauptverkehrsstraße, in der die LKW-Fahrer mit einem deftigen spanischen Bauernfrühstück in den Tag starten. In einer großen Pfanne brutzeln Bratkartoffeln vermengt mit Ei, Chorizo Wurststückchen und Paprikaschoten. Dazu ein kräftiger Schuss Olivenöl und mit Salz und Pfeffer gut gewürzt. Wir reihen uns ein, stehen den Truckern im Verschlingen der stattlichen Portionen in nichts nach und lassen uns auch von der unfreundlichen Bedienung nicht aus unserem gechillten Pilgermodus bringen. Das zweite Frühstück legen wir bereits einige Kilometer weiter in Viloria de Rioja ein. Einen Mittagsimbiss gibt es in der Stadt Belorado in der Bar Kais, wo wir bei den leckeren Pinchos wieder nicht widerstehen können. Kulinarisch gesehen bereits bis hierher ein herausragender Tag.

Belorado zeichnet sich zudem durch viele mit wunderschönen Gemälden, Zeichnungen und Graffitis bemalte Häuser aus. Beinahe scheint hier ein stiller Wettstreit um das schönste geschmückte und bemalte Haus entbrannt zu sein. Von bunten Fantasievögeln über mittelalterliche Schlachtszenen mit Männern in Rüstungen, oder auch in schwarz-weiß gehaltene, ganze Hauswände einnehmende Porträts von Dichtern und Denkern, bis hin zu in knalligen Farben leuchtenden, auf Glassammelcontainern aufgemalten Konterfeis von Superman und Batman ist alles dabei.

Am Nachmittag passieren wir in Villafranca Montes de Oca das sehr schöne 3-Sterne-Hotel San Antón Abad mit gediegenem Restaurantbetrieb. Außen am mit Marmorsäulen versehenen Innenhof hängt ein Schild „Menú de Peregrino 13,- €". Dies ist zwar kein günstiges Angebot, aber das gesamte Gebäude sowie das Ambiente sind so ansprechend, dass wir kurzentschlossen eintreten und uns von einer beflissenen Bedienung an einen Tisch geleiten lassen. Dicke Teppiche bedecken den Boden, prunkvolle Leuchter hängen von der Decke herab über den mit samtroten Tischdecken überzogenen, vornehm eingedeckten Tischen, an den Wänden goldgerahmte Ölgemälde. Für einige Augenblicke fühlen wir uns in unserer verschwitzten Pilgerkluft etwas fehl am Platz und unterhalten uns nur noch flüsternd. Aber schließlich werben sie hier mit ihrem Aushang ausdrücklich darum, dass Pilger einkehren sollen und willkommen sind. Und als dann kurz darauf Wein, Wasser und Vorspeise auf dem Tisch stehen, lassen wir bald alle Hemmungen fallen und hauen so richtig rein!

Es wird ein opulentes, ausladendes und langes Mittagessen. Als wir uns nach 3-Gänge-Menü und geleerter Weinflasche schließlich mühsam erheben und wieder auf den Weg machen bemerken wir erschrocken, dass es bereits 16 Uhr geworden ist. Viel zu spät! Denn vor uns liegen noch mindestens 12 Kilometer und dabei nichts als Wald - dichter, grüner Kiefernwald und laut unserem Reiseführer ist es zumindest fragwürdig, ob die öffentliche Herberge in dem dahinter liegenden kleinen Örtchen San Juan de Ortega derzeit geöffnet hat. Doch was bleibt uns anderes übrig als es zu versuchen? Wir legen den Turbogang ein und stapfen los. Steil hinauf geht es in die Berge, in die sogenannten Montes de Oca, wo uns der dichte Wald aufnimmt. Wir versuchen entspannt zu gehen, ohne uns allzu große Sorgen zu machen, doch so ganz mag es uns nicht gelingen.

An einer Wegkreuzung liegt das Monumento La Pedraja, das an die Opfer der ersten Monate des spanischen Bürgerkriegs 1936 erinnert, der einige Jahre später mit Hilfe der Faschisten Italiens und Deutschlands zu Francos Sieg und beginnender

Diktatur führte. 300 Menschen wurden hier sinnlos aufgrund ihrer politischen Überzeugung und ihres Einsatzes für die Freiheit erschossen und in Massengräbern verscharrt. Die Angehörigen haben mit diesem Mahnmal einen Ort des Gedenkens und der Trauer gestaltet.

Wir bemerken beide, dass die Sonne hinter den Bergen verschwindet und die Farben um uns her Stück für Stück verbleichen. Dazu wird es neblig. Schemenhaft tauchen plötzlich verzerrte Fratzen vor uns auf, von Nebelschleiern eingehüllt. Uns gefriert das Blut in den Adern. So etwas Gruseliges habe ich noch kaum erlebt. Aber es ist zum Glück nur die Oasis Del Peregrino, eine Pilgeroase mitten im Wald, wo aus Holz zahlreiche große, wunderliche Gestalten geschnitzt wurden, die an Totempfähle der Indianer erinnern. Aus großen schreckgeweiteten Augen starren sie zu uns herüber. Ich habe einen trockenen Mund und fühle mich zunehmend unwohl. Die sonst so schlagfertige und forsche Aneta neben mir wirkt seit geraumer Zeit blass und ernst und stakst mit unsicherem Gang sehr dicht neben mir her, was eigentlich überhaupt nicht ihre Art ist. Von Minute zu Minute wird es düsterer, inzwischen rennen wir beinahe den Weg entlang, soweit das mit unseren übermüdeten Beinen noch möglich ist, in der Hoffnung, dass dieser Wald endlich, endlich, ein Ende nimmt, aufhört, wir aufs freie Feld kommen und irgendwo Lichter einer Ortschaft erkennen können. Tja, und dann ist es einfach dunkel. Wir stehen mitten im Wald und uns umgibt rabenschwarze Nacht. Dazu zieht sich der Himmel zunehmend mit Wolken zu. Okay, ruhig bleiben und weitergehen. Was gibt es Positives an unserer Situation? Der Waldweg ist ordentlich ohne Stolperfallen und wir werden nach diesem ausladenden Restaurant-Essen nicht gleich verhungern. Erfrieren werden wir vermutlich auch nicht und wir sind immerhin zu zweit und nicht allein unterwegs. Ist doch eigentlich gar keine so schlechte Bilanz, oder? Also weiter geht's.

Wie wir uns so in der Dunkelheit weitertasten fällt mir ein, dass dies eigentlich einer meiner Camino-Wünsche war: Einmal eine Etappe des Caminos bei Nacht zurückzulegen. Und nun hat der Camino wieder zugeschlagen und mir genau das gegeben. Manche sagen, man muss vorsichtig sein mit seinen Wünschen und sich gut überlegen, was man wirklich will, da es der Camino manches Mal – zack – Wirklichkeit werden lässt und dann hat man den Salat. Trotz der ganzen Anspannung muss ich über diese Gedanken grinsen und kichere vor mich hin. Entgeistert fragt Aneta, was denn so lustig sei. Als ich ihr von meinem geheimen Wunsch berichte, schüttelt sie nur den Kopf und schnaubt wütend neben mir, ob ich mir den nichts Besseres hätte wünschen können und warum gerade sie vom Schicksal in die Erfüllung meines Traums mit hineingezogen werden müsse. Sie habe sich das mit Sicherheit nicht gewünscht. Aneta schimpft neben mir, das könne ja noch heiter werden und sie habe keine Ahnung, was sich der irre

Deutsche neben ihr noch so alles an Abartigem und Verrücktem gewünscht habe, und besser sei es wohl, möglichst schnell möglichst viel Strecke zwischen sich und mich zu bringen. Ich lache vor mich hin, so geht es noch einige Zeit weiter durch die Dunkelheit. Und dann sind wir plötzlich raus aus dem Wald und vor uns liegt ein kleines Dorf: San Juan de Ortega! Hoffnungsvoll laufen wir zu der Ansiedlung hinüber. Es sind nur ein paar wenige Häuser, die sich um das in der Ortsmitte liegende Kloster scharen. Direkt daneben liegt der Eingang über dem das blaue Schild „Albergue" hängt, darunter gut lesbar der Hinweis „cerrado" - geschlossen. Die Fenster im Erdgeschoss sind alle dunkel, nur im ersten Stock ist eines der Fenster beleuchtet. Ich klopfe mit der Faust fest gegen die Türe und rufe laut ein ¿hola, alguien ahí?" zum schräg gestellten Fenster in den ersten Stock hinauf, wo man deutlich ein TV-Gerät flimmern sieht. Einige raue, hart klingende tiefe Männerstimmen dringen an unser Ohr. Man hört, wie schwere Schritte die Treppe herabtrampeln. Dann wird auch schon die Türe unwirsch aufgerissen und ein grobschlächtiger Typ starrt uns aus blitzenden Augen unfreundlich an. Wir kommen kaum dazu, unser Anliegen, dringend ein Nachtlager zu benötigen, vorzutragen, als wir schon mit wenigen, beinahe bösartigen Bemerkungen davongeschickt werden. Dann wird uns die Tür auch schon vor der Nase zugeschlagen.

Wenn es im Wald bisher etwas unheimlich war, dann bekomme ich es nun wirklich mit blanker, nackter Angst zu tun. Manchmal hat man eine Vorahnung, ein ungutes Gefühl. Wie der Instinkt eines Tieres, das die Gefahr wittert, noch bevor das Raubtier aus dem Unterholz bricht und zum tödlichen Sprung ansetzt. So stehen Aneta und ich für einen kurzen Moment vor der verschlossenen Tür. Irgendetwas läuft hier gerade eben gar nicht gut, gerät in komplette Schieflage. Wir bekommen das Gefühl nicht los, dass hier etwas Ungutes, Böses vielleicht sogar Gefährliches vor sich geht, von dem wir besser nichts sehen und erfahren sollten. Keine Ahnung, was in diesem Haus vor uns in diesen Momenten geschieht, wir empfinden beide nur, dass wir hier so schnell wie möglich verschwinden müssen. Vor dem Haus parkt ein geschlossener, fensterloser Lieferwagen.

Wir gehen im Laufschritt die Straße entlang, aus dem Ort hinaus und erneut in die Dunkelheit hinein. Der nächste Ort auf der Karte ist Agés, und wenn wir uns in der Dunkelheit nicht verlaufen und uns das Böse nicht verfolgt, einholt und zum Abendessen verspeist sind das im besten Fall mindestens 4,5 Kilometer Strecke und eine weitere Stunde Fußmarsch – wieder durch den Wald. Wir setzen unsere Stirnlampen auf und stolpern vorwärts. Alle paar Meter und bei jedem geringsten Geräusch drehe ich mich um, spähe angestrengt in die Dunkelheit, ob wir vielleicht verfolgt werden. Es mag sich grotesk und übertrieben anhören und vielleicht bilden wir uns das alles auch nur ein, aber wir wollen nur weg von hier, möglichst weit weg und endlich irgendwo in einer sicheren Unterkunft bei herzlichen Menschen ankommen.

Die auf- und ab wippenden Lichtkegel unserer Lampen zaubern bizarre Schatten auf die Bäume, die Sträucher und auf den Weg, dazu ist die Luft erfüllt von raschelnden, fiepsenden und grunzenden Geräuschen, es knackt im Unterholz und mir steht der Schweiß auf der Stirn. Unwillkürlich fühle ich mich für Anetas Sicherheit mit verantwortlich und stelle ernüchtert fest, dass ich im Fall der Fälle wohl sehr hilflos dastehen würde. Das Gute am erneuten Adrenalinstoß, den uns die Begegnung in San Juan de Ortega bescherte ist, dass wir weder Schmerzen noch Müdigkeit oder Erschöpfung fühlen. Unsere Körper setzen unwillkürlich geheime Kraftreserven für Notfälle frei, die bis dahin - ich weiß nicht wo - in unseren Körpern verborgen schlummerten.

Dann öffnet sich der Wald um uns plötzlich, wir treten aufs freie Feld hinaus, gehen über Wiesen, vorüber an Obstbäumen und über uns schiebt sich der Mond zwischen den Wolken hervor und taucht alles in ein tröstend dunkelblaues warmes Licht. Und dann gibt der Hügel den Blick frei hinunter in die Senke, wo die Lichter der Häuser wie ein Leuchtturm in der Nacht zu uns heraufstrahlen. Vor uns liegt Agés, wir haben es tatsächlich geschafft, wir sind gerettet – Halleluja!

Von einem auf den anderen Augenblick fällt alle Anspannung von uns ab, wir lachen, freuen uns wie die Kinder, stolpern den Weg hinunter und sind erleichtert, einfach sehr erleichtert.

Als wir die Tür der Herberge öffnen und ins hell erleuchtete Innere treten ist es wie ein nach Hause kommen, wie der Einlauf eines beschädigten Schiffes nach schwerem Sturm in den sicheren Hafen. Hinter der Bar steht eine freundliche Bedienung und an den Tischen sitzen einige wenige Pilger und ein paar Einheimische. Ein Bild des Friedens, Wohlbehagens und Geborgenheit. Und – an einem der Tische sitzen Stefano und Andrius! Unglaublich, die beiden waren tatsächlich schneller als wir und sind heute ebenfalls über 40 Kilometer gepilgert. Wir erledigen die Anmeldeformalitäten, bekommen einen schönen Stempel in unseren Pilgerpass und beziehen unsere Betten im großzügigen, ordentlichen Schlafsaal im 1. Stock. Ich stehe bestimmt 10 Minuten unter der Dusche und genieße es einfach nur mit geschlossenen Augen, wie das warme Wasser meinen Körper umspült, und dann sitzen wir alle noch einige Zeit zusammen: Stefano, der in Grañón so lecker für uns gekocht hat, Andrius aus Litauen, Aneta und ich. An diesem Abend entsteht zwischen uns vieren eine besondere Verbindung. Ohne es in irgendeiner Weise auszusprechen. Wie alle Pilger verbindet uns ein gemeinsames Ziel: Santiago. Aber darüber hinaus gehen wir alle vier gerne weite Strecken, tun das vor allem im Stillen, sind am allerliebsten draußen, allein mit unseren Gedanken, brauchen keine Partys und große Gruppenevents und bevorzugen die kleinen, einfachen Herbergen abseits der großen Städte.

Ich trage meine Abend-Schlabberhose und Badeschlappen, trinke ein Bier und bin einfach nur aus tiefstem Herzen dankbar, hier mit diesen Menschen sitzen zu dürfen.

Bereits am Tisch fallen mir vor Müdigkeit beinahe die Augen zu, allein die nun wieder mächtig einsetzenden Muskelschmerzen hindern mich wohl daran. Ich schaffe es gerade noch über die Treppe hinauf in den Schlafsaal, kuschle mich in meinen Schlafsack, habe 2 komplette Stockbetten für mich allein, auf denen ich all mein Hab und Gut ausbreiten kann, werfe eine Ibuprofen gegen die Schmerzen ein und versuche zu schlafen. Was für ein Tag!

Tag 9, Samstag, 17. November

Agés – Rabé de las Calzadas 37 km
Gesamt 311 km

Ich sitze vor einem Glas mit frisch gepresstem Orangensaft, einer Tasse heißem, dampfenden Kaffee und einem Schoko-Croissant in der Bar „La Taberna de Agés" die zur Albergue Municipal gehört, blättere in meinem Reisetagebuch und freue mich auf den Tag. Bis hierher habe ich zusammengerechnet an 8 Tagen 274 Kilometer zurückgelegt, das sind im Durchschnitt etwas mehr als 34 Kilometer täglich. Bleiben noch ca. 530 Kilometer bis Santiago – und ich habe dafür, wenn ich am Ende mindestens einen Tag in Santiago verbringen möchte, noch 16 Tage Zeit. Theoretisch könnte es also funktionieren. Wenn nichts Unvorhersehbares eintritt, ich weiter entsprechende Etappen schaffe, meine Füße und mein Körper nicht schlapp machen und ich keinen einzigen Ruhetag einlege. Hm, es bleibt spannend. Ich beschließe einfach weiterzugehen und die Dinge auf mich zukommen zu lassen.

Natürlich habe ich wieder nicht gut geschlafen, aber erstens habe ich das auch nicht erwartet und mich bereits daran gewöhnt, und zweitens sind dank dem Ibuprofen zumindest die Schmerzen in den Beinen heute Morgen beinahe verschwunden. Noch immer ist das frohe Gefühl des Gerettet-Seins von gestern Abend präsent. Ich sitze im Warmen und schaue aus dem Fenster hinaus in den nebligen, kalten Morgen. Heute bringt mich mein Pilgerweg nach Burgos, eine der wirklich großen Städte auf dem Camino. Ich bin sehr gespannt auf die neuen Eindrücke, auf das Flair der Altstadt, auf die mächtige, beeindruckende Kathedrale und was mir heute sonst so alles begegnen wird. Ich schultere meinen Rucksack, die ältere Dame hinter dem Tresen wünscht mir noch einen „buen camino" und dann stehe ich auch schon draußen in der kühlen, frischen Morgenluft und pilgere dem neuen Tag entgegen.

Der Nebel wird zu Beginn immer dichter und dichter. Es geht den Berg hinauf, so viel kann ich gerade noch erkennen. Einzelne knorrige Bäume säumen den steinigen geschlungenen Pfad. Wie die Fangarme eines Riesenkraken wabern ihre krummen ausragenden Äste durch den Nebelschleier und scheinen nach mir zu greifen. Links und rechts tauchen in gespenstiges Grau getauchte alte Weidezäune aus rostigem Stacheldraht auf. Rechts von mir drängt sich eine Schafherde in der undurchdringlichen weißen Nebelsuppe im Kreis eng aneinander. Dazu erfüllt ihr vielstimmiges Blöken und Mähen die Luft. Das Bild einer eingeschweißten Gemeinschaft, geprägt von Zusammenhalt und gegenseitiger Fürsorge. Mitten hinein in das undurchdringliche Grau zeichnet sich plötzlich ein runder Ball mit feinen Konturen ab, riesig und erhaben. Und dann geht alles ganz schnell. Innerhalb

weniger Minuten vertausendfacht sich die Leucht-
kraft des kreisrunden Gebildes, wischt den Nebel
wie von Geisterhand hinweg, saugt ihn ein, taucht
mit voller Farbpalette die Umgebung und Landschaft in unglaubliche Farben. Erhaben, siegessi-
cher und majestätisch steigt die Sonne Zentimeter
um Zentimeter am Himmel auf. Ich stehe stumm,
gebannt von diesem einzigartigen, grandiosen
Schauspiel und Demonstration beispielloser Kraft
und schier unendlicher Energie unserer Sonne. Direkt vor mir treffen die Sonnenstrahlen auf das
Cruz de Atapuerca, lecken über das Holzkreuz,
werfen den Schatten lang hin und gleiten über das
steinige Hochplateau bis an dessen Ende. Ausge-
stanzt aus einer aufgestellten großen Metalltafel ist
hier Luciano Huidobros Gedicht zu lesen, in dem er
die grandiose Aussicht des sich weithin in die
Ebene öffnenden Panoramas wie folgt beschreibt:

*„Desde que el peregrino domino en Burguete los
montes de Navarra y vio los campos dilatados de España.
No ha gozado de vista mas hermosa como esta."*

Zu Deutsch: „Seit der Pilger in Burguete Navarras Berge bestieg und dort die weiten Landschaften
Spaniens erblickte, konnte er keine schönere Aussicht als diese hier genießen."

Und so ist es. Den Hügel hinab bis ins entfernte
Burgos und weit darüber hinaus eröffnet sich ein
atemberaubender Ausblick über eine großartige
Landschaft.

Die Sonne entwickelt trotz November bereits am Vormittag eine so enorme Kraft, dass ich bald im T-Shirt mit aufgesetztem Pilgerhut und breiter Krempe zum Schutz vor Sonnenbrand pilgere. Aneta geht heute allein und in eigenem Tempo. Sie kämpft sehr mit ihren lädierten Füßen und auch Stefano und Andrius sind jeder für sich unterwegs. Ich bin mir aber sicher, dass wir uns am Abend oder in den nächsten Tagen irgendwo wieder begegnen werden.

Am Flughafen entlang geht es Richtung Burgos. Wie so oft gibt es auch hier Alternativrouten: Entweder nimmt man den direkten Weg entlang der kerzengeraden Hauptverkehrsstraße mitten durch dichten Verkehr hinein ins Zentrum, oder man nimmt einige Schlenker in Kauf, hat dafür aber viel Grün, Parkanlagen und nette Vororte links und rechts des Weges. Ich entscheide mich für Letzteres, pilgere durch den Park, in dem viele Spanier unterwegs sind. Rentner, Radfahrer, Familien mit Kindern, Jogger, Spaziergänger. Es ist Wochenende, die Menschen sind entspannt und ausgelassen und freuen sich sichtlich über die Freizeit und das schöne Wetter. Ich nehme mir Zeit und lasse die Eindrücke und die Atmosphäre auf mich wirken. Durch die Parkanlagen geht es immer weiter hinein in Richtung Zentrum. Direkt an der Plaza San Juan liegt die schöne Kirche Iglesia de San Lesmes Abad. An der Brücke schräg gegenüber steht ein Puppenspieler, der zeitgleich mit einem ganzen Marionetten-Orchester zu klassischer Musik vom Band hantiert. Geiger, Saxophonist, Gitarre- und Akkordeonspieler. Begleitet von den Klängen trete ich in die Fußgängerzone. Auch hier sitzen Menschen in Cafés, Bars und Restaurants. Pulsierendes, fröhliches Leben und Feierlaune wohin man sieht.

Staunend stehe ich schließlich vor der Kathedrale von Burgos. Was für ein herrlicher Prunkbau! Nicht umsonst ist das Gebäude UNESCO-Weltkulturerbe. Während ich die Bischofskirche betrachte, bemerke ich neben mir auf der Mauer sitzend plötzlich eine großgewachsene Gestalt mit wildem Lockenschopf. Stefano! Wie schön, ihn hier zu treffen. Gemeinsam setzen wir unsere Burgos-Sightseeing-Tour fort. Stefano hat beim Gehen einen ordentlichen Zacken drauf und legt ein Tempo vor, bei dem ich Mühe habe mitzuhalten. Na ja, er ist in seinem Job auch beinahe so etwas wie ein Spitzensportler und lotst dabei im Auftrag einer renommierten Firma meist reiche US-Amerikaner auf geführten Radtouren durch die schönsten Bergregionen und Landschaften Europas. Nebenbei ist er auch beim Giro-Italia, dem wichtigsten Radrennen Italiens, regelmäßig mit von der Partie. In seiner Freizeit ist er begeisterter Hiker und Kletterer. Ich habe den Eindruck, dass Stefano Tag und Nacht nichts anderes tut als Sport zu treiben. Entsprechend durchtrainiert, ausdauernd und konditionsstark ist der Mitte Zwanzigjährige jedenfalls. Dazu spricht der Italiener aus dem Piemont 4 Sprachen fließend: Englisch, Französisch, Spanisch und Italienisch als Muttersprache.

Als wir am Stadtrand nahe der Universität durch den wunderschönen Park El parral kommen, ist es für mich endlich Zeit für eine Pause, Picknick und einen Imbiss aus meinen in der Stadt in verschiedenen Läden eingekauften Leckereien, darunter auch ein Stück Morcilla de Burgos. Vegetarier, Veganer und alle fleischlosen Esser sollten diese Stelle großzügig überspringen, denn Morcilla de Burgos ist nichts für schwache Gemüter. Bei dieser speziell zubereiteten Wurst wird Schweineblut unter ständigem Rühren erhitzt. Sobald es beginnt, dicker zu werden, mischt man rohen Reis, Fett, feingehackte Zwiebeln, Salz, Pimentón und andere Gewürze unter. Die Masse wird anschließend in Schweinedärme gefüllt und mit siedendem Wasser gebrüht, bis der Reis gar und die Wurst fest ist. Hört sich grauenhaft an, schmeckt Hammer. Für Spanier ist Morcilla untrennbar mit Burgos verbunden und damit ist diese Spezialität auch einfach ein Stück Kultur der Region Kastilien.

Stefano, der bereits vor unserem Treffen in einer Bar zu Mittag gegessen hat, pilgert weiter. Obwohl er ein äußerst netter, intelligenter und interessanter Begleiter ist, bin ich in diesem Moment gar nicht böse darum, denn sein Tempo könnte ich zumindest heute schwerlich dauerhaft mitgehen.

Im Park gibt es kleine offene Holzhäuschen mit Tischen und Bänken. Hier mach ich es mir für meine Mahlzeit gemütlich, ziehe Schuhe und Socken aus, esse, ruhe aus, schlendere barfuß über die

Wiese, schaue den Hundebesitzern beim Gassi gehen mit ihren vierbeinigen Freunden zu und mach es wie alle Spanier um mich her: Ich genieße das Leben und entspanne.

Beim Blättern in meinem kleinen gelben Camino-Reiseführerbuch studiere ich die für heute noch möglichen Optionen: Knapp 8 Kilometer sind es von hier nach Tardajos. Allerdings ist nicht sicher, ob es dort eine offene Herberge gibt. Doch spätestens in Rabé de las Calzadas sollte es den Angaben zufolge mit einer Übernachtung klappen. Bis dorthin sind es noch 10 Kilometer. Ich rappele mich auf, seufze tief, ziehe schweren Herzens Socken und Schuhe an, mache mich erneut auf den Weg und verlasse Burgos.

Einige Kilometer weiter habe ich eigentlich weder Lust noch Energie, auch nur einen Schritt weiterzugehen. Wie bestellt taucht scheinbar aus dem Nichts in diesem Moment Andrius auf – der sieht auch nicht frischer aus als ich. Ich bin so erleichtert und froh, ihn zu sehen! Gemeinsam gehen wir weiter, lenken uns mit unserer Unterhaltung von den Strapazen des Weges ab und gegen 18 Uhr sind wir tatsächlich noch bis Rabé de las Calzadas weitergegangen und stehen in der Mitte des beschaulichen kleinen Ortes. Es ist eine kleine Herberge, in der wir unterkommen, und wir beide sind die einzigen Gäste. Ich schreibe Aneta, wo sie uns finden kann und prompt kommt die Antwort:

„I'm on the way. Please wait for me with dinner"!

Ich muss grinsen und gebe in der Herberge Bescheid, dass wir mit dem Abendessen gerne auf unsere Pilgerfreundin warten möchten. Eine Stunde später humpelt eine sichtlich erschöpfte Aneta zur Tür herein. Als weiblicher Gast bekommt sie sogar ein separates Zimmer im 1. Stock ganz für sich allein und kriecht beinahe auf allen Vieren die Treppe hinauf. Andrius und ich haben zu zweit ein 4-Bett-Zimmer im Erdgeschoss.

Dann sitzen wir alle frisch geduscht im Schlabberlook im gemütlichen Speiseraum, werden liebevoll bekocht und genießen miteinander das Pilgermenü mit spanischer Nudelsuppe, buntem Salat und herzhafter, gut gewürzter Tortilla. Dazu gibt es zuerst eine Flasche Rotwein, danach wechseln wir zu Weißwein und sind schließlich alle drei entspannt, fröhlich und zugleich ausgepowert und erschöpft. Zum Nachtisch gibt es Joghurt. Mit Ausnahme von Anetas Füßen geht es uns Dreien hier sehr, sehr gut. Gebannt lauschen wir noch lange den Erzählungen Andrius vom Leben der Menschen in Litauen – seinem Heimatland. Er berichtet von zunehmender Präsenz der Russen im Land und den damit verbundenen Ängsten und Sorgen der einheimischen Bevölkerung, aber auch von vielen alten wunderbaren Traditionen seines Volkes, wie zum Beispiel gemeinsames Singen und Tanzen, was zumindest bei der älteren Generation beides noch gepflegt wird und weit verbreitet ist.

Tag 10, Sonntag, 18. November

Rabé de la Calzadas – Itero de la Vega, 40 km

Gesamt 351 km

Wie lässt sich der heutige Tag am besten beschreiben? Zu Beginn des Tages pilgere ich mit Aneta und Andrius und wir kommen gleich am Ortsausgang von Rabé de la Calzadas an einer kleinen, sehr schönen alten Kirche vorüber. Sie ist komplett aus ungleichmäßigen Natursteinen gebaut und sieht freundlich und einladend aus. Direkt daneben liegt der Friedhof des Dorfes. Über dem Eingangsportal der Kirche eine einzelne Glocke in einem offenen, zweidimensionalen Glockenturm, darüber das Steinkreuz. Ein Bild, das so viel Ruhe und Frieden ausstrahlt. Es läutet für mich buchstäblich den Sonntag ein und ich empfinde eine feierliche, beinahe heilige Stimmung. Es ist wie ein tröstender, aufmunternder Gruß aus einer anderen Welt.

Von hier geht es hinaus in die weite, nur noch leicht hügelige Landschaft. Die nahe Meseta sendet ihre Vorboten mit zunehmend flachen, ebenen Flächen. Es gibt kaum Ortschaften, nur freies, weites Land. Aneta und Andrius bleiben zurück und ich pilgere allein, genieße die Stille des Tages, schalte das Denken ab, bin ganz im Augenblick, verschmelze mit der Landschaft, den zunächst in

Nebel gehüllten Bäumen, abgeernteten Stoppelfeldern und umgepflügten Ackerflächen. Dann wechselt von der Sonne beschienene steinig, felsig kahle Umgebung mit letztem spärlichem Herbstgrün. Es ist der ewige Kreislauf des Entstehens, des Werdens und wieder Vergehens. Und obwohl mich dieses unverrückbare Naturgesetz sonst so oft an den Abgrund des Erträglichen treibt und in tiefe Verzweiflung stürzt, empfinde ich es hier und heute beinahe als tröstend.

Vielleicht ist es die Gewissheit, dass nach dem Winter und dem scheinbaren Ende des Lebens mit jedem Frühling neues Leben zurückkehrt, bunter, vielfältiger und kräftiger als zuvor. Bei aller Grausamkeit des sinnlosen Sterbens folgt alles scheinbar trotzdem einem großen Gesetz, einem gut durchdachten Plan, und vielleicht, ja vielleicht sollte ich mich einfach in diesen hineinfallen lassen im Vertrauen auf einen guten Ausgang. Und wer weiß, vielleicht wird am Ende wirklich alles gut? Wer oder was hindert mich, einfach daran zu glauben, an das große Wunder des Lebens und einen liebenden, omnipotenten Lebenserhalter hinter all den Dingen, auch wenn ich es mit meinem beschränkten Geist nicht fassen kann?

Es geht von Hornillos del Camino nach Hontanas über eine schier unendliche, komplett ebene Hochfläche. So weit man sehen kann nur kahle Ackerflächen und staubige Wege. Verdutzt schaue ich immer wieder auf meine Landkarte. Laut Karte

müsste da doch schon lange Hontanas vor mir auftauchen. Aber weit und breit gibt es keine Anzeichen menschlicher Behausung. Sehr seltsam. Habe
ich mich vielleicht verlaufen? Doch eigentlich gab
es auf der ganzen Strecke bis hierher kaum die
Möglichkeit einen falschen Weg einzuschlagen. Ich
bin ratlos.

Aber was ist das? Während ich gehe, bohrt sich
weit vor mir scheinbar aus dem Nichts eine Spitze
aus dem Boden. Mit jedem Meter schiebt sie sich ein
Stück weiter nach oben. Es ist die Spitze eines Kirch-
turms! In einer kleinen Senke, von den Blicken komplett verborgen, liegt direkt vor mir das verschwundene Dörfchen Hontanas! Zwischen zwei aufgestellten Felsbrocken hindurch geht es den schmalen
Weg hinunter in das durch seine Lage perfekt getarnte Dorf. Einladend freundlich und geöffnet liegt
hier linker Hand gleich eine Bar. Und obwohl ich
den ganzen Weg heute bisher kaum einen Menschen getroffen habe, sitzen hier Pilger mit Speisen
und Getränken entspannt in der Sonne im Freien.
Keine Ahnung, wo die sich alle bisher versteckt haben, wahrscheinlich wie der Ort selbst: Irgendwo in
einer Senke...

Ich hole mir einen Kaffee und setze mich in die
Sonne. Ja, und dann treffen Aneta und Andrius ein
und kurz darauf – zack – steht Stefano bei uns am
Tisch. Er hat heute ausgeschlafen und war nun wie
ein D-Zug die Strecke entlanggerattert und hat so
zu uns aufgeschlossen.

Wir sitzen zusammen, essen und trinken, wählen aus der Speisekarte kleine Gerichte aus und genießen das schöne Wetter. Von hier gehe ich mit Stefano weiter, hefte mich an seine Fersen und halte einige Stunden lang verbissen mit ihm mit. Dabei scheint sich unser Tempo, je länger wir miteinander gehen, immer besser aufeinander einzupendeln. Ich lege noch einen Zahn zu und Stefano schaltet einen Gang zurück und nimmt etwas Gas raus. Na also, geht doch!

Heute ist wieder T-Shirt-Wetter und ich komme trotz der leichten Kleidung gehörig ins Schwitzen.

An einen einzelnen, sich über die Ebene erhebenden Hügel geschmiegt taucht am Nachmittag gegen 14 Uhr schließlich Castrojeriz vor uns auf. Bei beinahe 20° Celsius, strahlendem Sonnenschein und tiefblauem Himmel laufen Stefano und ich in das Städtchen ein und gehen an der am Eingang gelegenen Stiftskirche Santa María del Manzano vorüber über holpriges Kopfsteinpflaster durch die schönen Gässchen. Alles ist ruhig und still. Stefano bleibt in Castrojeriz in einer Unterkunft, die ihm besonders gut gefällt. Er möchte einen halben Tag ausruhen und erst morgen weitergehen. Mir ist es eigentlich noch zu früh, um mit dem Pilgern schon aufzuhören. Ich setze mich für einige Minuten auf eine Bank im Schatten der Kirche und beobachte eine Iberische Mauereidechse, die sich auf den Kirchenstufen vor mir sonnt. Es ist ein schönes Tier mit einem faszinierenden glitzernden Muster auf dem Rücken.

Aus aufmerksamen Augen betrachtet sie mich interessiert. In einiger Entfernung sehe ich schon von hier einen mächtigen, sich hoch erhebenden Hügel. Es ist der Alto de Mostelares, der mit etwas mehr als 900 Metern höchste Berg der Umgebung. Und genau da oben über den Gipfel, da führt der Jakobsweg hinüber. Natürlich gibt es auch hier Alternativrouten, die um den Berg herumführen. Aber ich will hinauf auf den Gipfel, freue mich auf den herrlichen Ausblick und mache mich auf den Weg, den steilen Pfad hinauf.

Je höher ich steige, desto freier fühle ich mich. Unter mir liegt eine grandiose Landschaft und über mir türmen sich am blauen Himmel riesige weiß wattige Cumuluswolken. Wie ein Spiegelbild formen sie eine weitere, einzigartige Landschaft in die Lüfte.

Ich stehe oben am höchsten Punkt des Berges und der Wind bläst mir kräftig durchs T-Shirt. Ich drehe mich 360° im Kreis, blicke nach allen Seiten. Es ist einzigartig schön hier oben. Dem Himmel ganz nah, und ich bin bereit an der Himmelsleiter weiter bis ganz nach oben zu steigen. Von hier aus müsste es gehen, nur ein Katzensprung scheint mich vom Olymp der Götter zu trennen. So stelle ich es mir in meiner Fantasie vor. Doch der Weg, den meine Füße nun in der rauen und harten Realität meines Menschseins wirklich gehen müssen, führt steil hinab und windet sich über eine harte Betonpiste den Berg hinunter. Jeder Schritt tut weh, verursacht mir nach der langen Tagesetappe entsetzliche Schmerzen in Füßen, Beinen, Hüfte. Ich gehe im Schneckentempo wie auf Eiern Schritt für Schritt bergab. Es treibt mir die Tränen ins Gesicht.

Es ist wie der Hohn der Götter. Oben auf dem Berg gewähren sie mir einen Blick in den Himmel des Olymps und nun schicken sie mich unter Schmerzen hinab ins Tal, stehen dort oben und lachen sich einen Ast. Ich bin nichts als ein Witz für sie, ein Witz auf dem Weg in Hades Reich. Ich beiße die Zähne zusammen, mache mir nichts aus ihrem Hohn. Es ist egal. Manchmal muss man das Denken ausschalten. Manchmal muss man einfach weitergehen, stur, scheinbar starrköpfig, einfältig und dumm weitermachen, egal wie sinnlos es auch scheint, egal wie falsch die Richtung auch scheinen mag. Manchmal gibt es wenig Alternativen zum eingeschlagenen Weg und nicht immer ist der scheinbar leichtere Weg auch der bessere. Wer zuletzt lacht, lacht am besten. Man darf nicht aufgeben. Es kann nämlich auch sein, dass in die Mühsal unseres Lebens hinein ganz unvermittelt Unvorhersehbares unseren Weg kreuzt und sich plötzlich alles wandelt, die Karten neu gemischt werden oder die Spielregeln umgeschrieben werden. Und dann liegt das Ziel vielleicht auf der gegenüberliegenden Seite und der, der ganz am Schluss, weit abgeschlagen hinter allen her gekrochen kommt, ist mit einem Mal der überraschende, strahlende Sieger. Und was, wenn das große Wunder während der Pilgerfahrt unseres Lebens ausbleibt, wir unser

Dasein auf der Schattenseite des Lebens fristen müssen – was dann? War dann alles sinnlos und umsonst? Dann glaube ich trotzdem noch an diesen in der Zukunft liegenden Fixpunkt, den Wendepunkt, an dem eine unumstößliche Verwandlung eintritt. Und wenn dort hinten doch nichts mehr kommt und alles zu Ende sein sollte? Ja dann bin ich wenigstens aufrecht durchs Leben gegangen.

An der ehemaligen Einsiedelei Ermita de San Nicolas De Puente Fitero setze ich mich auf die daneben liegende Brücke, die über den Río Pisuerga hinüberführt. In heutiger Zeit ist die Einsiedelei eine ansprechende, schöne Pilgerherberge, die über die Wintermonate jedoch geschlossen ist. In der Ferne sehe ich einen Pilger auf mich zukommen. Zuerst denke ich, es ist Andrius. Aber beim Näherkommen sehe ich, dass es jemand anderes ist. Es ist Antoine, ein junger Franzose, der seinen Pilgerweg bereits in Paris startete und die weit über 1.000 Kilometer von dort bis hierher zu Fuß zurückgelegt hat. Wir gehen gemeinsam weiter. Von hier ist es nur noch ein Katzensprung nach Itero de la Vega. Hier gibt es eine öffentliche Herberge, auf Spanisch „Albergue Municipal", in der wir übernachten wollen. Jetzt im November ist es in der Umgebung die einzige Möglichkeit. Ich hatte gehofft, auf dem Weg einen kleinen Laden zu finden, um mir noch Lebensmittel für ein Abendessen einzukaufen, aber weit und breit gibt es kein geöffnetes Geschäft.

Es ist eine einfache, rustikale Herberge. Ausnahmsweise mal nicht mit quietschenden Stockbetten, sondern mit aus Holz gefertigten Einzelbetten. Nach dem Duschen liege ich erschöpft auf meinem Bett und ruhe aus.

Andrius schreibt mir. Er ist mit Aneta auf dem Weg hierher und fragt, wie er die Herberge finden kann. In meinen Badeschlappen laufe ich hinaus und hole die beiden ab. Aneta sieht furchtbar aus, sie kann kaum gehen und hat rotgeweinte Augen. Sie spricht kein Wort und zieht sich sofort auf ein Bett ganz hinten in der Ecke des Raumes zurück. Im Flüsterton berichtet mir Andrius, dass Aneta bereits unterwegs zusammengebrochen ist und weinend auf der Erde saß. Die Blasen an den Füßen haben sich entzündet und sie hat furchtbare Schmerzen. Es ist klar, dass Aneta so nicht weitergehen kann. Etwas später kommt zuerst der Hospitalero um die 5,- Euro Übernachtungsgebühr einzusammeln. Als er Anetas Füße sieht, eilt er aus dem Haus und kehrt wenig später mit seiner Frau samt Verbandstasche zurück. Eine Stunde lang verarztet sie vorsichtig und fachmännisch Anetas Füße.

Währenddessen sitze ich schweigend mit Andrius an einem kleinen Tischchen, vor uns unsere bescheidenen Proviantreste: Zwei Tomaten von Andrius, eine Dose Ölsardinen aus meinem Notfallproviant und ein Stück hartes Brot. Eigentlich haben wir beide einen Riesenhunger. Wir teilen das wenige, was wir haben brüderlich, kauen langsam andächtig und sind dankbar für die paar Happen.

Dann gehe ich zu Aneta hinüber. Sie sitzt auf ihrem Bett, wirkt gefasst. Ich schaue mir ihre verarzteten Füße genau an und versuche, mir mein Entsetzen nicht anmerken zu lassen. Es sieht schlimm aus. An beiden Füßen hat sie mehrere große Entzündungen. Die Hospitalera hat mit desinfizierter Nadel und Faden die noch geschlossenen Blasen aufgefädelt und alle offenen Wunden mit Jod desinfiziert, wodurch alles nur noch schlimmer aussieht. Tapfer erklärt mir Aneta, dass sie jetzt erst mal schlafen wolle und morgen früh entscheiden werde, was sie weiter tut. Ich widerspreche ihr nicht, obwohl ein Blick auf ihre Füße genügt, um zu wissen, dass sie morgen nirgendwo hin gehen wird. Ich lächle sie freundschaftlich aufmunternd an: „Ja, morgen werden wir sehen, wie es weitergeht."

Ich liege in meinem Schlafsack, die Beinschmerzen sind zurück, mit meinem letzten Schluck Wasser nehme ich eine Ibu, versuche die Sorgen und das Gedankenkarussell auszuschalten und zu schlafen.

Tag 11, Montag, 19. November

Itero de la Vega – Carrión de los Condes, 34 km

Gesamt 385 km

Ich wache auf und blicke durch den Raum. Draußen wird es gerade hell. Die meisten anderen Pilger schlafen noch. Schräg gegenüber sehe ich Aneta, sie sitzt auf ihrem Bett und weint. Auf Zehenspitzen tippele ich zu ihr hinüber. Vorsichtig betastet sie ihre malträtierten Zehen und streicht mit den Fingerspitzen über die intakten Partien, wie um ihre Füße gesund zu streicheln. Sie hat die ganze Nacht wach gelegen und kein Auge zubekommen.

Für einen Augenblick schaut sie mir in die Augen und erklärt mit nüchterner Stimme:

„Marc, I can't go on. I have to give up."

Ich habe einen dicken Kloß im Hals, kann nichts sagen, nicke nur. Es gibt nichts zu beschönigen, die Dinge sind, wie sie sind. Natürlich werde ich Aneta hier nicht allein hängen lassen und ihr helfen, ein Fahrzeug zu organisieren. Und selbstverständlich werde ich sie in das nächstgrößere Städtchen mit Zuganbindung begleiten. Aber da habe ich die Rechnung ohne Aneta gemacht.

„No! No Marc, you will not stay with me! You, you go out and keep on walking! You will do it to Santiago! Go out, go out and get your camino!"

So viel ich auch auf sie einrede, argumentiere und was ich auch versuche, Aneta will mich nicht bei sich haben. Beinahe wird sie böse. Sie möchte den Tag in aller Ruhe angehen, selbst schauen, wie sie ins nächste Städtchen kommt, sich dort vielleicht in einer komfortablen privaten Pension zwei oder drei Tage aufpäppeln lassen, sich schonen und dann entscheiden, ob sie mit dem Zug noch weiter Richtung Santiago fährt oder direkt zurück nach Hause nach Irland reist. Schweren Herzens mache ich mich schließlich mit Andrius auf den Weg. Der Abschied fällt mir schwer und alles geht viel zu schnell. Zu überraschend und plötzlich kam das Ende unseres gemeinsamen Weges. Ein brutaler unvermittelter Riss. Ich fühle mich allein, angeschlagen, verletzt und schutzlos. Mechanisch gehe ich neben Andrius, kurz darauf schließt Stefano zu uns auf. Alle drei hat uns das plötzliche Ende von Anetas Pilgerweg getroffen, doch mich selbst wohl am härtesten. Ich komme nicht in den Tritt, stolpere unkonzentriert neben den anderen her und bald ein Stück hintendrein. Seit zwei Tagen haben sich zudem an meinen kleinen Zehen Blasen gebildet, die heute stark zu schmerzen beginnen. Ich spüre, wie sie stündlich anschwellen, sich mit Flüssigkeit füllen und dass ich unser gemeinsames Pilgern als Trio heute nicht durchhalte.

Schließlich ziehe ich die Notbremse, schließe nochmals zu den beiden anderen auf, klinke mich für den restlichen Tag aus und lasse mich zurückfallen. Ich muss meinen eigenen Weg und mein eigenes Tempo gehen. Spätestens am Abend werden wir uns in Carrión de los Condes wiedersehen. Irgendwie werde ich schon bis dorthin kommen. Es ist die einzige Übernachtungsmöglichkeit in Reichweite. Weiter können die anderen auch nicht pilgern, denn direkt hinter Carrión de los Condes kommt für lange, lange Zeit einfach nichts. Kein Dorf, kein Haus, keine Bar, einfach nichts. Für 18 Kilometer geht es dann über freies, absolut ebenes Land ohne ein einziges Dorf, ohne irgendeine Möglichkeit einzukehren oder zu übernachten – Meseta pur.

Jetzt, wo ich alleine bin, atme ich erst einmal durch. Im nächsten Ort gehe ich in einen Mini-Supermarkt, versorge mich mit allerhand Essen und Trinken, gönne mir ein paar Leckereien und schlendere langsam, gemächlich wie ein Spaziergänger weiter. Schließlich setze ich mich an einem hübschen Rastplatz auf eine Bank, ziehe Schuhe und Socken aus, breite meinen Proviant aus und gönne mir eine lange Pause. Die Sonne kommt hinter den Wolken hervor, ich schließe die Augen, denke über meinen bisher zurückgelegten Pilgerweg nach, über all die Menschen, die mir begegnet sind, bin dankbar hier zu sein, noch auf dem Weg zu sein, noch gehen zu können. Und erneut spüre ich heute deutlich, dass nur ein winziges, klitzekleines Stück davon mein eigener Verdienst ist - das, was ich mit meiner kleinen Kraft und meinem Willen eben beisteuern kann. Das meiste aber ist Gnade, Glück, Fügung, Zufall, Schicksal - egal wie man es nennen möchte. Ich muss es an dieser Stelle wiederholen. Wer etwas anderes behauptet und meint, er habe das Erreichte ganz allein, aus eigener Kraft und dank seiner unglaublichen Willensstärke geschafft, hat vom Leben nicht viel verstanden.

Aneta schickt mir Bilder aus Frómista. Sie konnte von Itero de la Vega aus mit dem Bus dorthin fahren. Miguel, ihr Camino-Begleiter der ersten Tage, hatte am Morgen von Madrid aus allerhand für sie organisiert, Busverbindung, Apotheke und Pension in Frómista für Aneta ausfindig gemacht und gleich vorgebucht und ihr auch sonst einige Ratschläge und moralische Unterstützung gegeben. In der örtlichen Apotheke wurde sie dann mit Salben und allerhand Mittelchen bestens versorgt. Dazu versicherte ihr der Apotheker, dass sie wegen der Blasen nicht sterben werde. Beim Lesen muss ich tatsächlich etwas grinsen, wenn ich mir Aneta in ihrer direkten, mitunter etwas ruppigen Art im Gespräch mit dem Apotheker vorstelle. Danach konnte sie sich in einer sehr schönen Pension am Ort einmieten. Die Betreiber warnten sie gleich bei der Ankunft vor einem Dieb, der seit einigen Tagen sein Unwesen auf dem Camino treibt und Pilger in ihren Unterkünften im Schlaf bereits mehrfach bestohlen hat. Der als Pilger getarnte Dieb sei ein Spanier um die 40 Jahre mit dunklem Haar. Einige Pilger, die

Aneta in ihrer Herberge traf, bestätigen ihr die Geschichte nochmals, und einer von ihnen wurde kurz vor Burgos sogar selbst bestohlen und ist nun mittellos auf die Hilfe und Unterstützung anderer Pilger angewiesen. Ich finde das so was von gemein und muss aufpassen, dass ich diesem Banditen gedanklich nicht ganz grausame Dinge antue, im Fall, dass ich ihn erwischen sollte. Davon abgesehen bin ich aber sehr froh, dass Aneta erst einmal versorgt und in Sicherheit ist und nach und nach kehren jetzt auch meine eigenen Lebensgeister wieder zurück.

Mit Hirschtalg, Taschentüchern und Pflastern polstere ich meine beiden Blasen sorgfältig ein, ziehe vorsichtig meine doppellagigen Spezial-Wandersocken darüber, schnüre meine Schuhe nur ganz locker und mache mich wieder auf den Weg. Die Pause hat wahre Wunder gewirkt. Ich starte durch und gehe den restlichen Weg ohne eine einzige weitere Pause. Bei den Alternativrouten entscheide ich mich heute für den direkten, kürzeren und weniger schönen Weg. Die neben dem Weg verlaufende Straße ist kaum befahren und ich empfinde die Strecke im Gegensatz zur Beschreibung in meinem Reiseführer als überhaupt nicht schlimm.

Tatsächlich hole ich meine beiden Gefährten kurz vor Carrión de los Condes bei strahlendem Sonnenschein und warmen Temperaturen ein und gemeinsam kommen wir gegen 16 Uhr in der großen und sehr gepflegten Albergue Espíritu Santo an, die von strengen Schwestern geführt wird.

Als Andrius beim Eintreten in den mit wunderschönen Einzelbetten ausstaffierten Schlafsaal seinen Rucksack für einen Moment auf der perfekt glattgezogenen Tagesdecke seines Bettes abstellt, ertönt hinter ihm im nächsten Augenblick bereits ein Donnerwetter sondergleichen:

„Keine Rucksäcke auf den Betten!" lautet die strenge, unmissverständliche Ansage der uns begleitenden Schwester. Und auch wer kein Wort Spanisch kann, versteht sofort, was gemeint ist.

„Amen" denke ich, „Ja Schwester, so soll es sein!" Ich grinse zu Andrius hinüber, der wie ein begossener Pudel mit hängenden Schultern schuldbewusst und kleinlaut eine Entschuldigung murmelnd seinen Rucksack auf den Boden stellt.

Im leeren 15-Betten-Raum sucht sich jeder von uns dreien sein Lieblingsbett aus. Begeistert denken wir schon, dass wir den ganzen Schlafsaal für uns alleine haben, da knallt plötzlich die Tür auf und 7 oder 8 Asiatinnen mit schwerem Gepäck stürmen das Zimmer. In Windeseile breiten sie sich aus und nehmen restlos alles in Beschlag. Während Andrius das Geschehen und die jungen Damen mit leuchtenden Augen verfolgt, empfinden Stefano und ich es eher wie die Ausbreitung eines wabernden Kraken, der sich alles unter den Nagel reißt, was er kriegen kann. Wir flüchten auf dem schnellsten Weg aus dem Zimmer hinunter zur Waschmaschine. Wir haben Glück, sie ist frei und so stopfen wir unsere gesamte Wäsche in die Trommel. Einziges

Kleidungsstück, das nicht gewaschen wird, ist eine lange schwarze, enganliegende Unterhose, die ich für eventuelle Kälteeinbrüche im Gepäck dabeihabe. Bei meinem Anblick lacht sich Stefano einen Ast und als ich so gekleidet, während die Waschmaschine läuft, kurz über den Hof zurück ins Haus muss, höre ich einige Mädels hinter mir ebenfalls laut kichern. Ich drehe mich nicht um, trage es mit Fassung und meine lange Unterhose mit Würde. Als ich kurz darauf zurückkomme, lacht Stefano immer noch. Kopfschüttelnd betrachte ich ihn mit zusammengekniffenen Augen, denn mein Freund sieht in seiner Unterhose beileibe nicht besser aus als ich selbst.

Es ist herrlich, wie frisch die Wäsche duftet, als wir sie eine Stunde später aus dem Trockner ziehen, die Teile sorgfältig zusammenlegen und in unseren Taschen verstauen. Und dann dusche ich lange, heiß und ausgiebig. Anschließend versorge ich die Blasen, die an den Außenseiten meiner beiden kleinen Zehen wie Minitrauben prall gefüllt mit Flüssigkeit hängen. Die schlimmste am linken Fuß pikse ich jetzt mit einer Nadel an und ziehe einen dünnen Faden hindurch. Vorsichtig klebe ich ein Pflaster darüber. Die Schmerzen versuche ich zu ignorieren. Hoffentlich ist das morgen besser! Ich sollte unbedingt Desinfektionsmittel kaufen.

Schließlich gehen Stefano, Andrius und ich im Supermarkt ein paar Straßen weiter fürs Abendessen einkaufen. Es gibt Pasta, frische Zucchini und Wein, dazu Oliven und Käse – fürstlich!

In der geräumigen Küche wuselt es nur so von Pilgern, die sich parallel auf den Herdplatten die unterschiedlichsten Gerichte zubereiten. Es brutzelt, qualmt und duftet köstlich nach Fisch, Knoblauch, Pilzen, Fleisch und Gemüse. Gleichzeitig mischt sich hier und da ein etwas strenger Geruch nach verbranntem oder angekokeltem Essen darunter. Es herrscht eine ausgelassene fröhliche Atmosphäre und wieder sind es Menschen unterschiedlichster Herkunft, Nationalitäten und Altersklassen, die hier sehr friedlich und harmonisch miteinander teilen. Dank Stefanos Kochkünsten haben wir ein äußerst leckeres Menü, das wir am Ende mit ein paar Stückchen leckerer Schokolade abrunden.

Der heutige Tag war schwierig und anstrengend und ein wahres Wechselbad der Gefühle. Er kostete viel Kraft und ich gehe um 20.30 Uhr erschöpft ins Bett, ziehe den Schlafsack und das Kopfkissen über beide Ohren und auch die lautstarken Asiatinnen, die noch lange am Tisch mitten im Schlafraum sitzen und keinerlei Rücksicht nehmen, können mich heute nicht vom Schlafen abhalten.

Tag 12, Dienstag, 20. November

Carrión de los Condes – Moratinos, 32 km
Gesamt 417 km

Als ich erwache geht draußen die Sintflut nieder. Durch das schräg gestellte Fenster weht kalte Luft herein. Die Bäume biegen sich von Sturm und Regen gepeitscht im Wind.

Ich drehe mich auf die andere Seite und ziehe den Schlafsack über beide Ohren. Doch lange halte ich es im Bett nicht mehr aus, schließlich gibt es einen Weg zu gehen, und wie im Leben kann man sich auch hier das Wetter und die Umstände nicht immer aussuchen.

Um 8 Uhr sitzen Andrius, Stefano und ich beim Frühstück aus unseren Einkäufen des Vorabends im großen Speisesaal, zusammen mit all den anderen Pilgern. Um uns herrscht allgemeine Ratlosigkeit, Verzagtheit, Unsicherheit angesichts des Wolkenbruchs und Sturms, der draußen tobt. Da geht die Tür zum Flur auf. Wie stolze Kriegerinnen bahnen sich in bunte Regenumhänge gehüllt die asiatischen Amazonen schweigend im Gänsemarsch gehend todesmutig den Weg hinaus in den Regen. Hinter ihnen schlägt die Tür zu und durchs Glas sehen wir sie durch den Sturm und Regen davonstapfen. Für einen kurzen Augenblick herrscht absolute Stille im großen Frühstücksraum.

Andrius schaut ihnen kopfschüttelnd und doch bewundernd hinterher. Er möchte lieber noch 1-2 Stunden abwarten, ob der Regen nicht doch etwas nachlässt. Doch Stefano und mich treibt es hinaus, wir wollen nicht warten und laufen zu zweit los.

Draußen empfängt uns der Sturm mit einer Heftigkeit, die wir so nicht erwartet haben. Wir wissen beide, was nun auf uns zukommt: Direkt vor uns liegt nordspanische Meseta pur. Eine absolut ebene, einsame Hochebene ohne Häuser, ohne Bäume, ohne Unterstand oder irgendwelchen Schutz, nur karges, weites, flaches Land und sonst nichts – 18 Kilometer weit bis zum nächsten kleinen Dorf und dann nochmals eine gute Strecke durch identische Landschaft.

Innerhalb kürzester Zeit sind wir nass bis auf die Haut. Hier helfen weder Regenjacke noch Mütze. Dauerregen, eisige Temperaturen und der Sturm, der uns den Regen wie Nadelstiche waagerecht ins Gesicht treibt, zermürben uns zusehends. Wir gehen in schnellem Schritt und überholen viele Pilger. Vor uns sehen wir die Asiatinnen. Sie tippeln in Minischritten mit gesenkten Köpfen und hängenden Schultern nur noch langsam vor sich hin. Aller Mut ist aus ihren stolzen Gesichtern verschwunden. In ihren Blicken sehe ich pure Verzweiflung. Ich habe Mitleid mit den jungen Frauen, kann aber nichts tun, um zu helfen, bin selbst am Limit. Eine von ihnen telefoniert auf Englisch mit einem Taxiunternehmen, versucht mit aufgelöster Stimme zu erklären, wo sie sich befinden, um Hilfe anzufordern. Ein Stück weiter treffen wir auf weitere Pilger, die mit starrem Blick apathisch, resigniert und vor Kälte schlotternd am Wegesrand stehen. Wir rufen ihnen zu, bei dieser Kälte und dem Regen um Himmels Willen nicht stehenzubleiben, sondern weiterzugehen, oder andernfalls ebenso Hilfe zu rufen wie die Asiatinnen hinter uns.

Auch Stefano und mir geht es an die Substanz und die Kälte kriecht in alle Ritzen und unter die Haut. Fokussiert, ausgekühlt, reduziert sich alles auf: „Weitergehen, weitergehen, nur nicht anhalten, weitergehen, nicht anhalten, immer weiter."

Und wir pilgern im Laufschritt, immer weiter. Wir frösteln, zittern, rennen, irgendwie durch und weiter. Panik kommt in mir auf: Was, wenn ich nicht mehr weitergehen kann und hier in Kälte und Regen vollends auskühle? Im Gehen laufen mir Verzweiflungstränen übers Gesicht. Der alte Pilgerspruch „Ultreia" kommt mir wieder in den Sinn: „Vorwärts, gehe über dich hinaus!" Kurz lache ich etwas hysterisch auf und renne mit letzter Kraft Stefano hinterher, der weit vor mir mit ausgreifenden Schritten voranstürmt. Um mich her versinkt alles zusehends in dichten Wolken. Vor mir sind lediglich ein paar Meter Wegs zu sehen, auf denen das Wasser steht. Links und rechts verliert sich der Blick über die Äcker auf kurzer Distanz hinter niederprasselndem Starkregen. Ich verliere den Überblick, habe kein Zeitgefühl mehr, alles in mir ist dumpf und willenlos. Das Denken wird mehr und mehr durch eine matschige, kreisende Brühe in meinem Kopf ersetzt, die rhythmisch ihr „gehen, gehen, gehen" gegen meine Schläfen hämmert.

Und dann taucht direkt vor uns im Regenschleier undeutlich erkennbar Calzadilla de la Cueza auf. Mit letzter Kraft erreiche ich hinter Stefano hergehend die Häuserreihe. Wir stoßen die Türe der Bar Hostal Camino Real Albergue De Peregrinos auf und stolpern ins Innere. Wir sind gerettet! 18 Kilometer durch Sturm, Platzregen und Eiseskälte liegen hinter uns.

Wie eine Oase nimmt uns die Bar auf. Auf dem Weg zu einem der Tische hinterlassen wir eine lange Wasserspur auf dem Fußboden und unsere Schuhe quietschen bei jedem Schritt. Einfach alles ist klitschnass. Unsere triefenden Sachen verteilen wir auf Stühlen, die Jacken hängen wir über die Heizung und unsere Rucksäcke schieben wir ebenfalls ganz nah an die warmen Heizkörper. Dann lasse ich mich auf einen Stuhl plumpsen und schließe für einige Momente die Augen. Eine Zeitlang sitze ich einfach nur bewegungslos da und mache nichts.

Wir wärmen uns auf, trinken Kaffee, essen Tortilla und empfinden pure Freude: Drinnen sein, im Warmen, geborgen, in Sicherheit, lachen, glücklich sein. Nach und nach trudeln weitere Pilger ein. Manche zu Fuß, andere mit den gerufenen Taxis. Die Bar hier in Calzadilla de la Cueza ist weit und breit der einzige geöffnete Anlaufpunkt. Viele geben für heute auf, bleiben hier und quartieren sich in der Pension über der Bar ein. Andere fahren mit dem Bus oder Taxi weiter in die nächste Stadt.

Auch Andrius ist inzwischen eingetroffen und bestellt sich ein 3-Gänge-Mittagsmenü. Für Stefano und mich ist klar, dass wir für heute noch nicht aufgeben werden. Wir schauen uns kurz in die Augen, nicken uns zu und sind uns einig. Nicht mit uns. Wir sind auf dem Camino und wenn es regnet, dann regnet es eben und man wird nass. So ist das nun mal. Die angenehme Wärme, Essen und warme Getränke, die Gespräche untereinander geben uns neue Energie. Auch unsere Kleidung ist einigermaßen trocken. Wir schultern unsere Rucksäcke und quietschen in unseren Schuhen Richtung Ausgang. Andrius winkt uns mit seiner Gabel hinterher und ruft mit vollem Mund, dass er später, sobald er sein Mittagessen verdaut hat, nachkommt.

Der Sturm draußen hat sich zwischenzeitlich zu einem kräftigen Wind abgeschwächt und der Platzregen ist in einen gleichmäßigen Dauerregen übergegangen. Beides stört uns nicht. Egal, wie schlimm das Wetter auch ist: Wir sind frei, wir sind glücklich, zusammen sind wir auf dem Weg nach Santiago, so muss es sein. Wir beginnen zu singen. Zuerst abwechselnd, dann gemeinsam - stundenlang. Wir singen und singen, was das Zeug hält. Englisch, Französisch, Italienisch, Deutsch, Spanisch. Schlager, Pop Songs, Arien, Kinderlieder, Choräle. Wir singen alles, was uns einfällt – und das ist eine ganze Menge. Wir lachen und manchmal weinen wir. Es ist so außergewöhnlich und wunderbar, es ist einfach unbeschreiblich. Wir singen „Here comes the sun" von den Beatles und die Sonne bricht durch die Wolken und schickt einen ihrer Strahlen zu uns herunter. Der Regen hört auf und wir gehen schweigend. Es wird still um uns, in uns.

Irgendwann, nach 32 geschafften Tageskilometern, die es wirklich in sich hatten, erreichen wir Moratinos, einen winzig kleinen Ort. Direkt am Camino liegt das Hostal Albergue Moratinos. Es ist offen und so kehren wir ein, setzen uns an ein Tischchen vor der Bar und trinken ein Estrella Galicia – Cerveza Especial. Hier bleibe ich für heute, ich gehe keinen Schritt mehr, das ist sicher. Andrius schreibt uns: Er ist vielleicht 3-4 Kilometer zurück in Terradillos de los Templarios in einer Herberge. Auch er mag heute nicht mehr weitergehen. Und Stefano, unser Spitzensportler, ihn treibt es noch weiter, er will nochmals 10 Kilometer draufpacken bis ins nächste Städtchen Sahagún. Aber es ist der Camino, man verliert sich nicht, man trifft sich immer wieder und wir haben dasselbe Ziel. Ich bin der einzige Gast, breite im 4-Bettzimmer mein gesamtes Hab und Gut aus und hänge Hose, T-Shirt und Strickjacke über die warme Heizung. Aus meinem umgedrehten Rucksack fließt ein kleiner See – trotz des Regenschutzes, den ich über meinen Rucksack gestülpt hatte. Wenn es so regnet wie heute hilft nichts, gar nichts. Da wird einfach alles nass. Ich leere das Wasser aus meinen Schuhen, stopfe sie mit Zeitungspapier aus und hoffe, dass sie bis zum nächsten Morgen einigermaßen trocknen. Dann versorge ich die Blasen an meinen Zehen und fädle auch die zweite mit Nadel und Faden auf. Na ja, zumindest hat sich nichts entzündet, und wenn ich an Diegos und Anetas Blasen denke, ist das, was ich hier habe, komplett harmlos. Um 18.30 Uhr gehe ich die Treppen hinunter in den Gastraum zum Abendessen. Der freundliche Wirt und seine Frau bekochen mich genauso, wie wenn das Haus voll wäre. Als erstes gibt es eine Gemüsesuppe mit Brot, gefolgt von Schweinefleisch mit Kartoffeln und zum Abschluss gibt es einen Joghurt, den ich mir aussuchen darf. Dazu stellt er mir eine komplette Flasche Vino Tinto vor die Nase, die ich ganz allein bis auf den letzten Tropfen austrinke. Anschließend ziehe ich mich mit schmerzenden Beinen am Treppengeländer mühsam Stufe für Stufe in den ersten Stock hinauf, schlüpfe aus meiner Kleidung, krieche in meinen Schlafsack auf einem der unteren Betten und schaue von hier aus durch das große Fenster nach draußen, wo die nächste Sintflut niedergeht. Wie am Ende eines jeden Tages – manchmal auch früh am nächsten Morgen, stelle ich für meine Familie und Freunde einige Bilder online. Von Tag zu Tag sehen sich meine Reiseeindrücke mehr und mehr meiner Freunde und Bekannten an und oft erreichen mich aufmunternde Grüße, Ermutigungen, Fragen und Kommentare aus allen möglichen Himmelsrichtungen und von Menschen, zu denen ich schon lange kaum Kontakt hatte. Dann werfe ich wieder eine Ibuprofen Tablette gegen die heute enormen und übermächtigen Muskelschmerzen in beiden Beinen ein (in gesundheitlicher Hinsicht sicher sehr sinnvoll nach einer Flasche Rotwein...) und versuche zu schlafen.

Tag 13, Mittwoch, 21. November

Moratinos – Reliegos 42 km
Gesamt 459 km

Alles trocken – Hose, Rucksack, Jacke. Sogar meine regendurchdrängten, mit Wasser vollgesaugten und mit Zeitungspapier ausgestopften Schuhe sind über Nacht komplett getrocknet! Es lebe das schnell trocknende Gore-Tex Gewebe!

Draußen nieselt es zwar noch ein wenig, aber kein Vergleich zu gestern. Das Wetter ist weit besser als die Vorhersage und teilweise kommt sogar die Sonne durch.

Unter diesen guten Vorzeichen starte ich um 7.30 Uhr. Der Weg führt zunächst über San Nicolás del Real Camino nach Sahagún.

Eigentlich könnte ich mit den Gegebenheiten sehr zufrieden sein. Was mein Glück allerdings gehörig trübt, sind heftige Muskelschmerzen in beiden Beinen, die mich heute bereits beim Aufwachen erneut heimsuchen. Von der schmerzstillenden Wirkung der Tablette am Vorabend ist nichts übriggeblieben. Es ist beinahe unerträglich. Dazu ist meine Psyche am Boden, alles scheint sinnlos. Abgesehen von den Beinschmerzen gibt es dafür aber eigentlich überhaupt keinen Grund. Sie sind einer meiner wunden Punkte: Stimmungsschwankungen, mitunter heftig, ohne Vorankündigung und ohne ersichtlichen Grund. Melancholie, die in tiefem Trübsinn und niederdrückender Schwermut endet, bevor sie irgendwann ebenso plötzlich und unbegründet wieder verschwindet, wie sie gekommen ist. Eine Zeitlang dachte ich, es würde mit zunehmendem Alter schlimmer, doch bei genauerem Hinsehen war die Tendenz bereits seit meiner Jugendzeit vorhanden. Die letzten Jahre habe ich vielleicht lediglich gelernt, mich selbst etwas besser zu reflektieren.

Ich spüre, wie mein Unmut heute Morgen mit jedem Schritt zunimmt und mein innerer Abgrund sich von Meter zu Meter weiter öffnet.

Was soll das, das Pilgern, das unterwegs sein, das wochenlange tägliche Gehen, alleine ohne Freunde und Familie quer durch Nordspanien? Spinne ich eigentlich? Totaler Blödsinn, Tat eines Wahnsinnigen. Wofür und für wen tue ich das? Was bilde ich mir eigentlich ein, was nur habe ich mir dabei gedacht, was will ich mir oder anderen denn beweisen, was soll mir begegnen? Glaube ich vielleicht, dass Gott persönlich vom Himmel steigt, mir in den Weg tritt und mir die Richtung ins Paradies weist? Nichts ergibt einen Sinn. Mein ganzes Leben ist umsonst. Nichts bleibt von allem, was ich tue, die Zeit rinnt mir durch die Finger, das Leben vergeht und irgendwann ist es vorüber. Asche zu Asche – Staub zu Staub. So viele zerplatzte Träume, verlorene Wünsche, verpasstes Glück. Ich steigere mich mehr und mehr in eine Depression hinein. Es treibt mir die Tränen ins Gesicht, ich gehe trotzig weiter, heule vor mich hin, mal laut, mal leise. Es ist egal, es ist keiner da – nur der Camino und ich. Ich beschimpfe ihn, diesen Weg, der wie ich zu nichts nütze ist, der mich wie einen Idioten und Volltrottel verhöhnt. Ich würde ihn gerne schlagen, ihn mit meinen Fäusten boxen, ihn mit meinen Füßen treten, verdreschen und schließlich mit einer linken Geraden oder einem rechten Haken k.o. hauen, aber klar, er lässt sich nicht fassen. Er lacht mich aus und tänzelt unerreichbar um mich herum.

Ich komme an meine Grenzen, kann nicht mehr. Kämpfe mich Schritt für Schritt weiter, kämpfe um jeden Meter. Ich kämpfe gegen den Weg, gegen mich selbst, meine Unzulänglichkeiten und schwachen Seiten, gegen langweilige, eintönige Landschaften, gegen die Schmerzen, gegen Verzagtheit, Hoffnungslosigkeit, gegen Sinnlosigkeit und aufkommenden Weltschmerz, den Kummer und das Leid der Menschheit. Oscar Garcia Diego kommt mir wieder in den Sinn. Ich sehe sein Foto vor mir. Dieses hilflose, winzig kleine Menschlein, das nicht leben durfte. Wo ist die ordnende Gerechtigkeit, der barmherzige, alle Menschen liebende Gott? Ich will nicht mehr, will aufhören, aufgeben. Lasst mich einfach gehen. Ich bin raus, spielt ohne mich weiter. Aber weit und breit gibt es keine Ausfahrt auf dem Highway, keinen Notausgang, kein Endbahnhof in Sicht. Das einzige was hilft ist Laufen, Weitergehen, möglichst zügig, ohne anzuhalten. Auf dem Weg bleiben, ohne viel nachzudenken.

Aber jetzt reicht die Kraft nicht einmal mehr dazu. Ich werde langsamer, halte schließlich an, lasse mich wo ich bin auf den Boden sinken, sitze da, mitten auf dem Weg. Heulkrämpfe überfallen mich, ich würde mich gerne auflösen, mich selbst ungeschehen machen, der Welt den Rücken kehren. Es gibt aber keinen Ausweg, ich bin, und Leben lässt sich nicht auslöschen oder auflösen. Mir wird schwarz vor Augen, ich verliere das Gefühl für Raum und Zeit.

Ich habe keine Ahnung, wie lange ich so dasitze. Irgendwann höre ich, wie mein Handy fiept und eine eingehende Nachricht signalisiert. Mühsam ziehe ich es aus der Tasche. Das Display kann ich nur unscharf und verschwommen erkennen. Mein Freund Andi hat mir von zuhause eine Audiodatei geschickt, keinen Text, nichts sonst. Ich klicke auf die Datei, um sie zu öffnen. Lange Zeit passiert überhaupt nichts. Das Netz hier draußen auf dem Feld ist zu schwach. Doch dann findet mein Handy wohl doch einen Verbindungsfetzen und lädt die Datei. Ein Klavierstück, er hat für mich ein Klavierstück aufgenommen, spielt es für mich auf seinem alten verstimmten Klavier. Es ist das Taizé Stück „Nada te turbe", das er hier kommentarlos eingespielt und mir geschickt hat. Ich kenne es sehr gut, gemeinsam haben wir es schon beim Wandern gesungen. Der spanische Text lautet:

"Nada te turbe, nada te espante, qien a Dios tiene nada le falta. Nada te turbe, nada te espante, solo Dios basta."

Übersetzt heißt es: „Nichts beunruhige dich, nichts ängstige dich. Wer Gott hat, dem fehlt nichts. Gott allein genügt."

Da sitze ich und lausche der Musik, immer und immer wieder. Mein guter, alter und bester Freund Andi. Und mit jedem Augenblick wird es stiller in mir, kehrt ein Stück mehr Ruhe in mir ein. Es ist nicht nur der Text. Vielmehr ist es die Melodie, die sich wie ein wohltuender Balsam auf mein Inneres legt, meinen Schmerz heilt, mir Trost sendet in meine Einsamkeit, in meinen Kummer.

Leise stehe ich auf, schultere meinen Rucksack und mache mich wieder auf den Weg. Meine Fragen sind dieselben wie zuvor. Die Antworten – immer noch ausstehend. Und doch: Etwas hat sich mit dem eintreffenden Liedstück verändert. Ich kann es nicht richtig fassen, aber etwas ist anders als zuvor und irgendwoher fließt plötzlich wieder Kraft und Energie in meinen Körper, macht mir neuen Mut und gibt mir im Innersten das Gefühl, dass es noch eine berechtigte Hoffnung gibt.

Ich gehe, gehe ohne weitere Pause an diesem Vormittag mehr als 20 Kilometer, bis ich gegen 13.30 Uhr in den kleinen Ort Bercianos del Real Camino komme. In einer Seitenstraße des überschaubaren Dorfes gibt es einen kleinen Tante-Emma-Laden, der trotz der Mittagszeit geöffnet hat. Ich trete ein und betrachte andächtig die gefüllten Regale. Erst jetzt merke ich, wie groß mein Hunger ist. Ich kann mich kaum zurückhalten und greife mit beiden Händen in die Regale, häufe alles neben die alte Registrierkasse auf den Ladentisch, zeige auf dies und jenes hinter der Theke, wo mich ein junges Mädchen freundlich bedient: Brötchen, Käse, Obst, Gurke, Tomate, ein süßes Stückchen, Wasser, Cola, Knabberzeugs; beinahe mehr, als ich tragen kann.

Vollgepackt mit Leckereien und Wegzehrung trete ich aus dem Laden, beiße ein großes Stück vom süßen Stückchen, trinke einige Schluck des zuckerhaltigen, klebrigen Coca-Colas und biege links um die Ecke Richtung Ortsausgang. Nach einigen Metern am Ende der Häuserreihe senkt sich die Straße zu einer Kreuzung hin ab. Mitten in der Bewegung erstarre ich zur Salzsäule. Mir gefriert das Blut in den Adern.

Vor mir, mitten auf der Kreuzung, keine acht Meter entfernt, steht ein Kalb von einem Hund. Er ist nicht angeleint, von seinem Hals baumelt das Ende einer Eisenkette. Das letzte Glied klafft rostig und zerbrochen hin und her schlenkernd. Ich habe so ein zorniges Tier noch nie zuvor gesehen. Zottelig, verwahrlost, das eine Auge ausdruckslos matt rotglühend und offensichtlich blind, das andere hervortretend, springt er wütend, geifernd und äußerst aggressiv ein, zwei Meter auf mich zu. Am Rand der Kreuzung hält er inne, bleckt die Zähne,

157

die Ohren angelegt, während sein dumpfes, tiefes Bellen von den Hauswänden widerhallt. Sein massiger, breiter und kräftiger Körperbau wie bei einem Rottweiler, seine Größe – er reicht mir mindestens bis auf Bauchhöhe - und sein ausgeprägter Kiefer mit den spitzen Zähnen sind wahrlich furchteinflößend.

Ganz offensichtlich markiert die Kreuzung sein Revier, das er bereit ist, gewaltsam zu verteidigen. Vielleicht bin ich ihm aber auch schon zu nahegekommen und jeden Moment rechne ich damit, dass er auf mich losgeht. In Angriffsstellung steht er so mit gefletschten Zähnen, die Ohren angelegt vor mir, bellend, mich mit irrem Blick fixierend, soweit man das in seinen kranken Augen erkennen kann und vor und zurückspringend, jeden Moment bereit zuzubeißen.

Einige Augenblicke stehe ich völlig regungslos. In der einen Hand mein süßes Stückchen, in der anderen die angebrochene Dose Coca-Cola. Ich schaue die Häuserreihe entlang und rufe ein zaghaftes, sehr hilflos klingendes:

„Hola! Hola, hay alguien ahí?"

Aber kein rettendes Herrchen erscheint, der die Bestie zurückruft oder an die Leine nimmt. Kein Mensch weit und breit. Ich bin ganz auf mich allein gestellt. Erst jetzt bemerke ich den Seitenweg links der Kreuzung. Angekettet vor einem verdreckten, halb verfallenen Wellblechverschlag geifert eine ganze Meute ähnlich sympathischer Vierbeiner um die Wette und kläfft in unsere Richtung, was das Zeug hält. Die Tiere sind soweit ich sehen kann allesamt angekettet, nur dieses Exemplar vor mir, das größte, hässlichste und offensichtlich gefährlichste von ihnen hat sich losgerissen und steht mir nun gegenüber. Die Bande scheint ihren Anführer aus Leibeskräften anzufeuern und weiter gegen mich aufzuhetzen. Ich versuche kühlen Kopf zu bewahren und die Möglichkeiten abzuwägen. Ja, ich könnte versuchen, langsam den Rückwärtsgang einzulegen und ganz sachte dahin zurückgehen, wo ich hergekommen bin, um in einem weiten Bogen über mehrere Querstraßen oder um die Ortschaft außen herum eine Alternativroute zu suchen.

Bei dem Gedanken schüttele ich unwillig den Kopf. Heute ist Kampftag, durch und durch und ich bin nicht von Saint-Jean-Pied-de-Port mehr als 400 Kilometer bis hierher gepilgert, um nun wegen diesem Hund meinen Weg zu verlassen. Das hier ist mein Weg, mein Camino, es ist mein Weg nach Santiago, und ich werde hier über diese Kreuzung gehen, und wenn es das Letzte ist, was ich tue. Manchmal kann man sich die Gegner nicht aussuchen und ich werde wegen diesem Vieh keinen Umweg machen.

Grimmig nehme ich das Ungeheuer ins Visier. Dann, es keine Sekunde aus den Augen lassend, schiebe ich mir das letzte Stück Backwerk in den Mund, leere in einem Zug die Dose und setze langsam, ganz langsam wie in Zeitlupe meinen Rucksack auf den Boden. Bei meinen Bewegungen wird das Bellen der Bestie noch wütender, er macht einen weiteren Satz auf mich zu. Jetzt trennen uns vielleicht gerade noch 3-4 Meter.

Mit der linken Hand greife ich suchend nach hinten und löse die beiden teleskopierbaren Wanderstöcke vom Rucksack. Dann richte ich mich vorsichtig auf. Den Rucksack wieder auf dem Rücken und je einen der Stöcke in der rechten und linken Hand mache ich einen langsamen, aber sehr entschlossenen Schritt vorwärts. Ich sehe, wie der Oberkörper des Hundes sich mit gespannten Muskeln leicht nach hinten unten beugt und er mit voller Kraft bereits zum Sprung auf mich ansetzt. Genau in diesem Augenblick breite ich beide Arme mit den ausgezogenen Stöcken weit aus, hole tief Luft und schleudere ihm ein basstöniges „Hooo, hooo" entgegen, während ich todesmutig einen weiteren Schritt auf ihn zumache.

Verwirrt und scheinbar beeindruckt weicht das Monster ein zwei Schritte zurück. Ich rücke sofort nach. Doch im nächsten Augenblick fasst das irre Vieh neuen Mut und springt wieder auf mich zu. Ich kann ihn bereits riechen, sein Fell, seine Ausdünstung und einen modrig, faulig stinkenden Geruch, der offensichtlich aus seinem Maul kommt.

Ich reiße wieder die Arme hoch, schleudere ihm so laut ich kann mein „Hooo, hooo" entgegen.

Es steht Spitz auf Knopf. Ich bin bereit, jeden Moment mit voller Wucht und ganzer Kraft mit den Stöcken zuzuschlagen, sollte er zum letzten Sprung auf mich ansetzen, wobei mir klar ist, dass ich seinem massigen Körper, dem kräftigen Kiefer und dem monströsen Gebiss nicht viel entgegenzusetzen habe. Es sind vielleicht 2-3 Minuten, die äußerst heikel sind, in denen das todernste Kräftemessen hin und her geht, während wir uns umkreisen und ich mich seitwärts Stück für Stück über die Kreuzung vorarbeite. Dabei kommt es mir wie Stunden vor. Ein wenig ist es wie im Film, höchste Anspannung, Adrenalin pur, vollste Konzentration. Als ich die Kreuzungsmitte überquert habe, und mich rückwärtsgehend und weiter verteidigend auf meinem Weg entferne, hoffe ich darauf, dass das Vieh endlich aufgibt. Doch der Köter ist penetrant, bleibt mir auf den Fersen und setzt mir weiter nach. Als ich mich vielleicht 15-20 Meter von der Kreuzung entfernt habe – immer noch Schritt für Schritt rückwärtsgehend – bleibt er endlich zurück.

Es ist geschafft! Ich habe die Situation ohne einen Kratzer überstanden, kann mich schließlich umdrehen und weitergehen.

Nur ganz langsam löst sich die Anspannung, und erst einige Minuten später holt mich das soeben Erlebte ein. Ich beginne am ganzen Körper zu zittern. Erst jetzt wird mir die Gefährlichkeit der Situation so richtig bewusst.

Auf der restlichen Tagesstrecke begegne ich verschiedenen Pilgern, unterhalte mich hier und da und gehe mit dem einen oder der anderen ein Stück des Wegs. Darunter ist auch ein Südkoreaner, der mir mehrmals über den Weg läuft. Mal überhole ich ihn, mal er mich. In einer Bar in Burgo Ranero sitzen wir schließlich nebeneinander und unterhalten uns, soweit wir es sprachlich hinbekommen. Er fragt mich, ob ich in Bercianos auch dem Hund begegnet bin. Ich nicke, während ich einen Schluck aus meinem Bierglas nehme. Er erzählt mir aufgeregt, dass er einen großen Bogen gemacht hat und einen Umweg in Kauf nahm, um ihm ja nicht zu nahe zu kommen, und er will wissen, wie es mir ergangen war. Als ich ihm von meinem Duell berichte, bekommt er große Augen.

Die letzten 1,5 Stunden der Tagesetappe bewältige ich mit Andrius, den ich einmal wieder zufällig treffe. Wie gut, einen Vertrauten an meiner Seite zu haben, der still und schweigend neben mir geht. Als wir schließlich in der Albergue Municipal Don Gaiferos in Reliegos ankommen, bin ich völlig am Ende. Hier begrüßt uns ein quietschvergnügter, ausgeruhter Stefano, der quicklebendig und voller Tatendrang durch die Herberge hüpft. Ich hingegen falle in voller Montur aufs Bett, unfähig mich zu bewegen oder irgendetwas zu tun und bin mir sicher, dass ich nie, niemals wieder aufstehen werde, geschweige denn jemals weitergehen werde. Als ich zwischendurch die Augen aufmache, kniet Andrius vor meinem Bett. Nebenan sei ein beheizter Schlafraum. Er ziehe dort hinein und es gebe gerade noch zwei freie Betten, ob ich nicht mitkommen wolle.

Ich schüttele mühsam den Kopf und döse sofort wieder ein. Ich will mich nicht mehr bewegen und es ist mir völlig egal, ob es hier im Raum kalt ist. Im Gegenteil. Die Kühle ist angenehm, die meisten Betten sind leer, um mich her ist es still und die Ruhe tut mir gut.

Als ich die Augen wieder aufmache, muss ich mich einen Moment erst orientieren: Wo bin ich, wie spät ist es, wo sind die anderen? Ich rappele mich auf und gehe über den Flur hinüber in die Küche. Ich öffne die Tür und trete in den hell erleuchteten Raum. Über den Töpfen und Pfannen auf dem Herd dampft es. Es duftet nach leckerem Essen. Hier herrscht reger Betrieb. Viele der Pilger, die ich heute unterwegs getroffen habe, sind ebenfalls hier. Eine Kanadierin, zwei Pilgerinnen aus Irland, ein Engländer, und einige Spanier. Es wird gekocht, einige sitzen an der langen Tafel beim Essen zusammen und alle unterhalten sich angeregt über die unterschiedlichsten Themen. Es ist eine sehr herzliche Atmosphäre und ich fühle mich gleich etwas wohler. Andrius und Stefano haben bereits fürs Abendessen eingekauft. Ich setze mich zu den beiden an den Küchentisch und helfe beim Gemüse schnippeln. Natürlich ist Stefano wieder unser Koch und Küchenchef. Es gibt ein leckeres Risotto, daneben Tomate, Thunfisch, Käse, Oliven und Wein. Ich bin immer noch erschöpft, aber das Zusammensein mit den beiden Freunden und all den anderen tut sehr gut und das Leben ist wieder lebenswert.

Für morgen nehmen wir uns nur eine kurze Etappe von 25 km vor. Denn vor uns liegt León, eine der großen und sehr sehenswerten Städte auf dem Camino. Für Andrius ist es die letzte Etappe seines Weges. Er wird früh am nächsten Tag lospilgern und am späten Nachmittag in León den Zug nach Madrid nehmen, von wo aus er zurück nach Litauen fliegt. Er muss nächste Woche wieder zur Arbeit. Den restlichen Weg von León nach Santiago wird er vielleicht im nächsten Jahr gehen.

Ich beschließe, mir morgen in León zum ersten Mal auf meiner Reise ein Einzelzimmer und vielleicht zwei Übernachtungen zu gönnen. Es wird Zeit für eine Pause. Ich kann nicht mehr. Ich bin müde und erschöpft. Andererseits gefährdet das mein Ziel, rechtzeitig nach Santiago zu kommen. Wir werden sehen, wie alles wird.

Tag 14, Donnerstag, 22. November

Reliegos – León, 25 km

Gesamt 484 km

Aneta hat geschrieben! Als ich früh am nächsten Morgen im Bett liegend einige Fotos und kurze Texte des gestrigen Tages poste, blinken gleich mehrere eingehende Nachrichten von ihr auf. Darunter einige Fotos, wie sie sich kulinarisch in ihrer Unterkunft verwöhnen lässt. Ich frage mich, wo sie all diese herrlichen und großen Portionen spanischer Spezialitäten verschwinden lässt.

Und dann gibt es auch spannende Neuigkeiten: Adam und Diego sind gestern Abend in ihrer Pension eingetroffen! Diego hat also trotz seiner geschundenen Füße bis hierher durchgehalten, bravo! Und dann, kurz darauf, trudelte doch tatsächlich Frank mitsamt seinem GPS und großem Begleittross an Pilgerinnen und Pilgern ein. Vor Lachen schüttele ich mich in meinem Schlafsack beim Lesen von Anetas Bericht. Wieder muss ich an den Satz denken: „Auf dem Camino verliert man sich nicht, man trifft sich immer wieder." Für mich ergänze ich noch: „Und auch Neuigkeiten, Klatsch und Tratsch machen nirgends so schnell die Runde wie hier auf dem Camino!"

Leider sind ihre Füße nach wie vor nicht gut und sie hat entschieden, dass es dieses Mal nichts werden wird mit dem Pilgern bis Santiago. Zusammen mit Vincent, einem venezuelischen Pilger, der ebenfalls fußkrank in der gleichen Pension untergekommen ist, wird sie heute mit dem Bus oder Zug nach León fahren, von hier aus weiter nach Santiago und von dort den Flieger zurück nach Hause nach Irland nehmen.

Ganz aufgeregt schreibe ich ihr, dass Stefano, Andrius und ich heute Mittag ebenfalls in León eintreffen werden – da könnten wir uns doch alle nochmals in einer Bar in der Nähe der Kathedrale treffen!

Ich gehe hinter Stefano, der in seinem üblichen D-Zug Trab das Tempo vorgibt und versuche, ihm zu folgen. Trotz der kurzen Etappe strengt mich der Weg heute an. Gleichzeitig bin ich aber sehr dankbar. Nach meinem gestrigen Zusammenbruch fühle ich mich insgesamt zwar etwas schlapp und ausgelaugt, aber meine Muskelschmerzen sind wieder verschwunden. Andrius muss schon ein oder zwei Stunden voraus sein. Er ist wie geplant früh bei Dunkelheit aufgebrochen.

Als wir durch die Vororte Leóns kommen, die Häuser immer dichter stehen und Verkehr, Menschen und städtische Geschäftigkeit um uns her mehr und mehr zunehmen, werde ich immer aufgeregter. Es ist eine wunderbare Stadt mit einem sehr besonderen Flair. Unser Weg, links und rechts gesäumt von Bistros, Bars, Bäckereien, Mode- und Schmuckgeschäften sowie Souvenirshops und historischen, altehrwürdigen Gebäuden, geht über Kopfsteinpflaster immer weiter ins Zentrum in Richtung Kathedrale. In einigen Geschäften ist bereits adventlich dekoriert. Tannenzweige, Kerzen und Christbaumschmuck scheinen mir bei den hier herrschenden warmen Temperaturen doch ungewohnt und im ersten Moment bin ich bei deren Anblick sehr verwundert.

Schließlich stehen wir auf dem Platz vor der Kathedrale. Wir haben bisher zwar bereits viele Kirchen auf dem Weg gesehen, aber die Kathedrale von León ist ein monumentales Kunstwerk, dessen Anblick uns beinahe den Atem raubt. Ich hole tief Luft, fülle beide Lungenflügel mit Sauerstoff und mit dem Ausatmen fällt mit einem Mal ein Großteil der Anspannung der letzten Tage von mir ab. Es wird ruhig und friedlich in mir. Erneut haben wir ein wichtiges Etappenziel erreicht. Ich bin glücklich und zuversichtlich, dass ich auch die verbleibende Strecke bis Santiago schaffen werde. Wir lachen, reden, fotografieren, sind gelöst und aufgedreht.

Und dann stehen da plötzlich Aneta mit Vincent, Andrius kommt dazu, wir fallen uns in die Arme und freuen uns wie kleine Kinder. Direkt vor der Kathedrale nehmen wir einen Tisch im 1. Stock des Lokals El Topo mit Blick auf die Plaza de Regla und bestellen Getränke, Pizza und Pasta. Wir sitzen zusammen, feiern ausgelassen Wiedersehen,

Abschied und den Camino – alles gleichzeitig. Jeder redet mit jedem und wild durcheinander. Es ist herrlich, wunderschön und doch mischt sich etwas Melancholie, Wehmut und Traurigkeit mit in die Stimmung hinein im Wissen, dass wir so wohl nicht wieder zusammenkommen werden. Vincent berichtet aus seiner Heimat Venezuela: Er ist Rechtsanwalt und dazu Orchesterdirigent. Er hat bereits in Projekten mit dem internationalen Stardirigenten Gustavo Dudamel zusammengearbeitet, der wie er Venezueler ist. Vincent kümmert sich in Projekten um Straßenkinder und ist auch sonst in seinem Land sehr engagiert. Doch in jüngster Vergangenheit haben sich die politischen und wirtschaftlichen Verhältnisse sowie die Situation für die Bevölkerung in Venezuela so dramatisch zugespitzt, dass er keine Zukunft mehr sieht und keine Chance, weiter an der Verbesserung der Situation vor Ort mitzuarbeiten.

Was er erzählt ist so haarsträubend und schockierend, dass wir uns kaum vorstellen können, wie er es bisher geschafft hat, in dieser Umgebung zu überleben. Da auch die Reisefreiheit inzwischen eingeschränkt wurde, musste er das Land bei Nacht und Nebel wie ein Verbrecher verlassen. Versteckt im Kofferraum eines Autos passierte er die Grenze zum Nachbarland, von wo er den Flug nach Europa antrat. Er hat ein Angebot, eine Stelle in Frankreich anzutreten und ist hin und hergerissen, was er tun soll. Einerseits will er die Menschen in seiner Heimat nicht alleine lassen und fühlt sich bei dem

Gedanken wie ein Verräter. Andererseits kann er zuhause nichts mehr ausrichten, fürchtet um sein Leben und weiß nicht, wie er seinen Lebensunterhalt bestreiten soll. Und vielleicht kann er vom Ausland aus mehr für seine Heimat tun, als wenn er dort im Chaos bleibt.

Wer Venezuela verlassen kann, tut es. Im Land gibt es keine Zukunft, keine Sicherheit und kein Überleben.

Wie wertvoll wird mir bei diesem Bericht mein Heimatland Deutschland, in dem Frieden, in gewissen Grenzen soziale Absicherung und Rechtssicherheit herrschen und wo die Menschenrechte respektiert und hochgehalten werden.

Wir sitzen, reden, lachen, schweigen, essen, trinken wie beste, langjährige Freunde.

Tja, und dann ist es Zeit für den Abschied. Andrius nimmt seinen Rucksack. Es gibt nicht mehr viel zu sagen. Einen nach dem anderen drückt er kurz, er lächelt in die Runde und dann ist er auch schon draußen. Stefano nächtigt in einer öffentlichen Herberge in der Nähe, Aneta hat ein Hostel gleich um die Ecke. Mit ihr verabrede ich mich für den morgigen Tag noch auf einen Kaffee am späten Vormittag, bevor ihr Zug nach Santiago de Compostela geht, und ich selbst gehe mit Hilfe von Google Maps quer durch die Altstadt zu den Hermanas Trinitarias – das Schwesternwohnheim des Ordens der dreifaltigen Schwestern. Hier, in der

Schwesternschule werden zwischen 200-300 Schülerinnen ausgebildet und in einem Seitenflügel hält der Orden auch einige Zimmer für Pilger bereit.

Ein Einzelzimmer mit Bad gibt es inklusive Frühstück für gerade einmal 25,- Euro. Das ist wirklich sehr günstig, doch für einen Pilger, der wie ich gewohnt ist, in den großen Schlafsälen der Municipales für 5-8 Euro zu übernachten erstens äußerst luxuriös und die Ausgabe zweitens beinahe ein kleines Vermögen. Die Oberschwester des Ordens, eine afrikanische Nonne und in jeder Hinsicht beeindruckende und wuchtige Erscheinung mustert mich streng, prüfend und durchdringend bevor sie mich schließlich gnädig aufnimmt und zu meinem Zimmer geleitet.

Rechts an der Wand ein großes Bett mit Nachttisch, links in der Ecke ein Kleiderschrank, davor Tisch und Stuhl und rechts direkt neben dem Eingang eine Tür ins separate Badezimmer. Andächtig lasse ich meinen Blick durchs Zimmer gleiten. Ich trete ein und fühle mich wie der Kaiser von China, dusche ausgiebig, falle danach nur mit Handtuch umwickelt aufs Bett und schlafe ein. Eigentlich wollte ich heute noch die Stadt besichtigen, doch ich bin so erschöpft, dass daraus nichts mehr wird. Als ich aufwache, räume ich meinen Rucksack aus, breite meinen kompletten Besitz im gesamten Zimmer aus, repariere das eine oder andere, trenne mich von einigen Dingen, die ich einfach nicht brauche und die nur unnötigen Ballast darstellen, kümmere mich um die Blasen an meinen kleinen Zehen, die – dem Himmel sei Dank – beide am Abklingen sind und sich dank täglicher Behandlung mit Pflastern und Taschentuchstreifen, die die Druckstellen schützen, weder entzündet noch weiter verschlimmert haben.

Und dann schlafe ich wieder, erlebe den restlichen Tag, Abend und die hereinbrechende Nacht im Dämmerzustand zwischen Schlaf, Traum und Wirklichkeit.

14 Tage Non-Stop Pilgern und knapp 500 zu Fuß zurückgelegte Kilometer haben ihre Spuren hinterlassen.

Tag 15, Freitag, 23. November

León – Villares de Órbigo, 39 km
Gesamt 523 km

Ich schlafe bis um 7 Uhr. Zuerst bin ich noch etwas benommen. Seit dem gestrigen Nachmittag habe ich eine Art Filmriss. Wo sind die Stunden hin, die halb im Dämmerzustand an mir vorüberzogen? Während ich dusche, mich rasiere und meinen Rucksack packe, spüre ich aber, wie mein Körper die Ruhe der letzten 16 Stunden in sich aufgesaugt hat. Ich fühle neue Kraft, Gelassenheit, Zielstrebigkeit und den Willen, weiterzumachen. In einem schön möblierten Raum mit dick ausgelegten Teppichen und alten Möbeln frühstücke ich ganz allein an reich gedeckter Tafel, auf der es an nichts fehlt.

Eine alte Ordensschwester schaut nur kurz zur Tür herein, ob alles in Ordnung sei, dann bin ich wieder für mich.

Anschließend gehe ich los in die Stadt. Mein erster Halt: Die Basilika San Isodoro. Ich setze mich in eine der Bänke, lasse Raum und Stille für einige Augenblicke auf mich wirken, schließe die Augen und schicke einen besonderen Dank nach oben: Für meinen Weg, mein Leben, meine Familie und vieles mehr. Als ich mich erhebe und den Gang nach hinten gehe, sehe ich links in der Bank Stefano! Wir nicken uns freundlich zu, mehr braucht es an diesem

Ort nicht. Unglaublich. Da sind wir in einer riesigen Stadt mit unzähligen Sehenswürdigkeiten und Möglichkeiten und wo treffen wir uns? Hier. Ich warte im Freien, bis er herauskommt. Stefano macht sich wieder auf den Weg und setzt seinen Pilgerweg fort. Wir werden uns schreiben, denn ich weiß noch nicht, ob ich mir doch noch einen weiteren Tag Ruhe und Erholung gönne und erst morgen weitergehen werde.

Jetzt mache ich mich erst einmal auf zur Stadtbesichtigung, streife quer durch die Altstadt und gehe anschließend in die beeindruckende, wunderschöne Kathedrale Leóns. Die dunkelblau und rot bunt verglasten hohen Fenster werfen ein ganz besonderes Licht auf den Innenraum und die Mönchsgesänge, die das hohe Gewölbe erfüllen, verbreiten eine ganz einzigartige Stimmung. Ich lasse mich treiben, genieße die Atmosphäre, lese hier und da etwas über die Geschichte oder lausche über den Audioguide den Ausführungen.

Anschließend treffe ich mich mit Aneta zum zweiten Frühstück in einem sehr schönen Café, wo wir uns bis um 11 Uhr verquatschen. Während wir über Gott und die Welt reden und der Gesprächsstoff nicht ausgehen will, stelle ich insgeheim wieder fest, wie man hier auf dem Camino innerhalb kurzer Zeit wirklich gute Freunde findet. Gemeinsam Erlebtes und durchstandene Strapazen, sowie das gemeinsame Ziel verbinden auf besondere, beinahe mystische Weise. Man kann es schwerlich beschreiben.

Und dann heißt es auch für uns wirklich und endgültig Abschied nehmen. Aneta vermacht mir einige Geschenke, wie z.B. eine Schmerzsalbe gegen Muskelschmerzen, die ich ab sofort allabendlich großflächig auf beide Beine auftragen und einmassieren werde. Dazu zwei Päckchen Taschentücher. Auf einer unserer langen Tagesetappen hatten wir festgestellt, dass wir Taschentuch-Seelenverwandte sind. Beide sind wir mit einer immerzu laufenden Nase gesegnet und keiner von uns geht deshalb jemals ohne Taschentuch aus dem Haus. Ich freue mich wie ein Schneekönig über die Geschenke. Und dann druckst Aneta plötzlich etwas herum. Meine sonst so schlagfertige und burschikose Freundin nestelt umständlich an ihrer Jackentasche herum, schnäuzt sich zunächst die Nase und schließlich übergibt sie mir ihren Stein für das Cruz de Ferro. Es ist der Stein, den sie bereits bei ihrer ersten, ebenfalls vorzeitig abgebrochenen Pilgerreise mit sich trug und der seit Jahren darauf wartet, dort zusammen mit ihren ganz persönlichen Anliegen abgelegt zu werden. Die Worte bleiben ihr im Hals stecken und für ein paar Augenblicke ist es still. Auch ich kann in diesem Moment nichts mehr sagen. Jedes Wort wäre fehl am Platz. Obwohl es ein ganz kleiner, unscheinbarer Stein ist, liegt er schwer in meiner Hand und ich verstaue ihn sorgfältig in meinem Gepäck. Es folgt ein Abschied auf lange Zeit.

Auf der Plaza de San Marco vor dem Luxushotel Parador de León, das sich in einem Palast aus dem 16. Jahrhundert befindet, lausche ich am Ufer des Bernesga Flusses sitzend einem Akkordeon-Spieler. Dann packt es mich plötzlich, ich schnappe meinen Rucksack, werfe mein Kleingeld in die Schale des Musikers und folge den goldenen Fußspuren des Caminos durch die Stadt. Ich kann nicht noch einen Tag hierbleiben. Ich muss fort, ich muss weiter, bin ein Pilger, es treibt mich hinaus, wieder auf den Weg, es gibt noch einen Weg zu gehen und nur auf diesem bin ich ganz und heil.

Ich bin voller Energie, voller neuer Kraft, schreite weit kräftig aus, und pilgere kurzerhand noch 39,4 Kilometer. Ich bin einfach nur glücklich, durch und durch, bin komplett bei mir, kann das Gefühl dieses Tages nicht beschreiben, ich bin eins mit der Schöpfung, alles ist gut, alles hat einen Sinn, alles hat seine Bestimmung. Es geht vorüber an Erdhäusern wie im Land der Hobbits, durch wunderbare Natur, mitten hindurch durchs Auenland – Mittelerde. Ich schreibe Stefano, der bereits viele Kilometer vor mir geht eine Nachricht, dass ich auf dem Weg bin und er mit dem Abendessen in Christines Hostel in Villares de Órbigo auf mich warten soll.

Ich gehe ohne Pause in hohem Tempo, brauche keine, verspüre keinerlei Ermüdungserscheinungen, bin bereit, bis ans Ende der Welt zu gehen und der Bestimmung zu folgen.

Mein Handy fiept. Wieder eine Audiodatei. Zwei Jugendliche haben ein Stück unseres Konzertprogramms für mich gesungen und aufgenommen. Es ist das Stück „Halleluja Salvation and Glory". Sie beamen mich damit zurück zum Konzert am 3. November mit 300 Jugendlichen in einer großen Stuttgarter Kirche. Und mit einem Schlag steht vor mir das gedankliche Bild, das ich selbst den Jugendlichen in den Proben immer und immer wieder vor dem Singen dieses Stückes mitgegeben habe: Total erschöpft, am Ende der Kräfte quält man sich auf den Gipfel eines Berges. Mit allerletzter Kraft steht man schließlich oben, blickt fassungslos schweigend auf das grandiose Panorama aus einem Meer nicht enden wollender schneebedeckter Gipfel, von der Erhabenheit und Vollkommenheit Gottes Schöpfung überwältigt, unfähig ein Wort zu sprechen. Genau so muss das Stück gesungen werden. Und eigentlich beginnt das Stück bereits vor dem ersten gesungenen Wort mit der Stille, mit der Sprachlosigkeit, die greifbar im Raum steht, bevor dann aus dem Nichts das „Halleluja, Salvation and Glory", wie ein Hauch beginnt, sich immer und immer wieder wiederholt, wie eine Welle, die sich aufbaut und immer größer und größer wird, bis hin zum finalen Furioso eines fulminanten alles mitreisenden Lobpreises.

Ich denke an meine Verzweiflung vor zwei Tagen, daran, komplett am Ende und nahe am Aufgeben gewesen zu sein und schaue darauf, wie ich nun wieder voller Energie und Zuversicht unterwegs bin. Wie oft geht es einem im Leben so? Man sieht keinen Ausweg, gibt schon auf, dabei ist der Gipfel und eine völlig andere Perspektive nur einen Steinwurf weit entfernt.

Vielleicht sehen wir oft nicht, was wirklich Realität ist und vielleicht sind die Dinge manches Mal ganz anders, als sie sich uns darstellen. Was wäre zum Beispiel, wenn das, was wir Tod nennen, Leben ist? Wenn ein wahres, bleibendes Leben erst mit dem beginnt, was wir Tod nennen? Und was, wenn das, was wir Leben nennen, eigentlich Tod ist? Wenn das, worin wir uns seit unserer Geburt jeden Tag bewegen und begrenzt sind nur eine Vorstufe des wahren Lebens darstellt, wenn ein freies, ganzes und erfülltes Leben erst noch kommt und wir die Begrenztheit unseres Seins hier einfach noch ein wenig aushalten müssen? Wenn dieser Abschnitt zu unserer Entwicklung hin zum Leben einfach mit dazugehört, mit Krankheiten, Schmerz, Endlichkeit und Verlust? Mit unerfüllter Liebe, zerplatzten Träumen und gescheiterten Existenzen? Was, wenn all das irgendwann plötzlich vorüber ist und am Ende doch alles gut werden kann? Und was, wenn all diese Dinge, die wir für unumkehrbar und absolut halten doch reversibel sind? Wenn es eine Kraft gibt, die Dinge ungeschehen machen kann? Was, wenn es einen Neubeginn gibt, der alles nochmals auf Null stellt? Was dann? Dann bekäme Oscar Garcia Diego eine zweite Chance, dann hätte er ein neues Leben auf einer ganz anderen Ebene. Vielleicht sollten wir uns dann alle aufmachen. Auf den

Weg nach Santiago, auf den Weg ans Ende der Welt, um den Neubeginn zu suchen und zu finden und das Unmögliche möglich zu machen.

Um 18:25 Uhr trudle ich bei bereits vollständiger Dunkelheit in der wunderschönen Albergue von Christine, einer belgischen Hospitalera ein. Sie und Stefano, der der einzige Gast ist, sitzen im trauten Kreis in ihrer Küche. Christine kocht, Stefano sitzt am Küchentisch und schreibt Tagebuch – hach, es ist herrlich, wie nach Hause kommen!

Wir diskutieren, ob wir uns auf Englisch, Französisch, Deutsch oder Spanisch unterhalten. Christine spricht alle vier Sprachen, Stefano fließend Spanisch, Englisch, Französisch, und Italienisch als Muttersprache, dafür kein Deutsch und meine Spanisch Kenntnisse rühren von 3 intensiven online Lernmonaten mit Duolingo her. Passend zum Abendessen entscheiden wir uns für Französisch, denn heute kocht Christine Französisch für uns.

Alle drei sitzen wir lange zusammen, essen, trinken und reden und ein bisschen ist es wie der Vorgeschmack aufs Paradies.

Tag 16, Samstag, 24. November

Villares de Órbigo – Rabanal del Camino, 36 km
Gesamt 559 km

Heute Morgen lassen wir uns Zeit, frühstücken erst um 7.30 Uhr, genießen die Gastfreundschaft Christines, lassen uns bemuttern und umsorgen und starten um 8.30 Uhr bei trockenem Wetter und leichter Bewölkung.

Christine empfiehlt uns wärmstens die Bar Oasis in San Justo de la Vega. Dort werde mit an Sicherheit grenzender Wahrscheinlichkeit die beste Tortilla Spaniens zubereitet. So sitzen wir zwei Stunden später nach den ersten 10 Kilometern des Tages durch die kühle Morgenluft an einem Tisch im Gastraum neben dem im Kamin prasselnden offenen Feuer, wärmen uns, essen köstliche, frisch gebackene Tortilla, trinken ein „1906 Cerveza Reserva Especial" dazu und bestellen anschließend noch das traditionelle geröstete Brot mit Tomate, Olivenöl, Salz und Pfeffer.

Weiter geht es ins nahe gelegene Astorga. Das Städtchen hat einiges an interessanten Bauwerken zu bieten und ist mit 11.000 Einwohnern gar nicht so klein. Dazu ist der Ort Bischofssitz des Bistums und eine der größten Diözesen Spaniens. Wir schlendern über das Kopfsteinpflaster durch die Gassen der Altstadt. Von der Iglesia de San

Francisco geht es hinüber zu den Ausgrabungen einer römischen Villa und weiter zum Schokoladenmuseum und von dort hinüber auf die Plaza España, wo das Rathaus, das „Ayuntamiento de Astorga", mit seinem Uhrwerk und Glockenturm ein prächtiges Bild abgibt.

Einige Straßen weiter stehen wir staunend mitten auf der Plaza de Eduardo de Castro. Rechts von uns, inmitten eines Parks liegt der Palacio de Gaudí, oder auch Bischofspalast von Astorga, an dessen Architektur man den Meister sofort erkennt. Einige Räume beherbergen das Museo de los Caminos, ein Jakobswegmuseum mit Kunstwerken unterschiedlichster Epochen, die meisten davon stehen mit dem Pilgerweg natürlich in direktem Zusammenhang.

Geradeaus vor uns liegt die prächtige und ausladende Kathedrale Santa Mariá de Astorga. Beinahe erschlägt uns die Fülle an Prunk, Pomp und zur Schau gestelltem Reichtum.

Für ein Mittagessen haben wir noch keinen Hunger und so setzen wir unseren Weg fort. Auf der weiteren Strecke kommen wir nur noch durch kleine Dörfchen wie Santa Catalina de Somoza und El Ganso. Von weitem sieht man meist schon den Kirchturm mit Storchennest. Die Orte bestehen in der Regel aus der mit holprigem Kopfsteinpflaster versehenen Hauptstraße und einigen wenigen links und rechts abzweigenden staubigen Seitensträßchen, die sich nach ein paar Metern und Gebäuden im Niemandsland verlieren. Die Häuser aus unbehauenen Steinen geben den Orten ein zeitloses, beinahe unveränderliches Aussehen. Wahrscheinlich hat sich das Erscheinungsbild schon jahrhundertelang kaum verändert.

Gerne würden wir am Nachmittag irgendwo einkehren und etwas essen, finden aber nach Astorga nirgends mehr eine geöffnete Bar. Alles ist wie ausgestorben, es gibt weder geöffnete Geschäfte, noch bekommen wir in den Ortschaften überhaupt jemand zu Gesicht. Dazu hat der Wind aufgefrischt und mit gerade einmal 6-7 Grad Celsius hat es auch merklich abgekühlt. Die Kälte kriecht uns unter die Haut und selbst beim zügigen Gehen wird einem nicht richtig warm. Im Schutz eines überdachten Kirchenportals – auch diese ist geschlossen – setzen wir uns auf die Erde und teilen unsere letzten Vorräte: Ein Stück Baguette, etwas Käse, ein Stück Chorizo und eine Dose Cola.

Als wir El Ganso verlassen, taucht am Horizont linker Hand ein mächtiges Gebirge mit schneebedeckten Bergen auf. Es ist ein majestätischer Anblick. Ob auch noch eine Etappe durch Eis und Schnee auf mich wartet?

Ein Salamander in kräftigem dunkelgrünem und schwarzem Muster quert unseren Weg. Über seinen Rücken vom Kopf bis zur Schwanzspitze läuft ein langer rötlicher dünner Streifen. Ein wunderschönes Tier. Ob der wohl auch pilgert?

In Rabanal del Camino steigen wir in der schönen Albergue El Pilar ab. Übernachten für nur 5,- Euro. Hier treffen wir auf zahlreiche Pilger und die Herberge ist bis auf das letzte Bett ausgebucht. Da geht man tagelang, ohne einen einzigen Pilger zu treffen und fragt sich bereits, ob man ganz allein unterwegs ist und dann – zack – trifft man plötzlich auf einen ganzen Stall voll Pilgern. Kaum vorstellbar, wo die sich alle versteckt haben.

Der Schlafsaal liegt in einer umgebauten Scheune. Stabile Holzbetten stehen als Stockbetten in zwei langen Reihen im Raum mit hoher Decke. Weit oben sieht man eine morsche alte Balkenkonstruktion mit losen aufgelegten Holzpaneelen, darüber wölbt sich ein Wellblechdach.

Der Herbergsvater erzählt uns, dass nebenan in der Iglesia de la Asunción de Rabanal del Camino, der Himmelfahrtskirche noch das Stundengebet mit anschließender Messe stattfindet. Obwohl wir großen Hunger haben, gehen wir hinüber in die Kapelle. Es ist nur ein kleiner, wie ein Kellergewölbe oben abgerundeter, sehr schlichter Kirchenraum. Der Putz bröckelt von der Decke und den Wänden und eigentlich ist überhaupt nichts Außergewöhnliches an diesem Bau. Doch das gedämpfte Licht, die angezündeten Kerzen und die Stille schaffen eine ganz eigene Atmosphäre.

Ich setze mich in eine der Bänke. Dann betreten die Benediktiner-Mönche des angrenzenden Monasterio de San Salvador del Monte Irago in ihren

Gewändern den Raum und das Stundengebet beginnt. Ich habe eine solche Zeremonie noch nie zuvor mitgemacht und eigentlich ist mir die Liturgie katholischer Messen mit zu viel Firlefanz und Äußerlichkeiten gespickt. Doch heute ist es komplett anders.

Die Männer wirken auf mich so ehrlich und aufrichtig und zelebrieren die Messe mit so viel Hingabe und Liebe zu Gott und allen anwesenden Pilgern, dass es mich sehr anrührt. Besonders einer von ihnen, ein Gastprediger und Priester aus New Jersey, USA nimmt mich mit seiner Art gefangen.

Im Stundengebet werden im Wechselgesang zwischen Mönchen und Gemeinde Bibelverse auf Latein gesprochen und gesungen.

Es ist wie das Eintauchen in eine andere Welt und wie durch Geisterhand legt sich eine besondere Stille und ein spürbarer Friede auf die Anwesenden und erfüllt den ganzen Raum.

Nach dem Stundengebet feiern wir Heilige Messe. Gepredigt wird sogar nicht nur auf Spanisch, sondern durch den Priester aus New Jersey auch auf Englisch. So beenden wir mit diesem Gottesdienst gemeinsam das alte Kirchenjahr, denn in einer Woche beginnt mit dem 1. Advent mit der Zeit der Erwartung der Geburt Jesu das neue Kirchenjahr. In einer ganz besonderen Stimmung, erfüllt mit innerer Freude, gehen wir anschließend wieder hinüber in den Gastraum unserer Herberge und bestellen uns leckeres Essen: Einen großen Teller Makkaroni und eine riesige Salatplatte mit Tomaten, Thunfisch und Oliven und eine Flasche Vino Tinto – natürlich teilen Stefano und ich alles brüderlich.

Obwohl wir beide so ganz unterschiedlich sind – Stefano jung, Sportler durch und durch, der neben seinem sportiven Job sogar in seiner Freizeit noch im Hochgebirge wandert, oder sich auf waghalsige Klettertouren einlässt - und auf der anderen Seite ich, ungefähr doppelt so alt, ungeübt und nicht einmal Freizeitsportler. Trotzdem haben wir uns die letzten Tage irgendwie zusammengefunden und ergänzen uns auf ganz besondere Art und Weise.

Wir erleben einen wunderbaren Abend. Wir essen, reden, schreiben Tagebuch, finden eine Kiste mit Brettspielen und spielen einige Partien Dame, die Stefano regelmäßig gewinnt. Irgendwann kriechen wir leise in unsere Stockbetten im vollgestopften Schlafsaal. Wenn ich an den morgigen Tag denke bin ich sehr aufgeregt, denn direkt vor uns geht es steil hinauf in die Berge, wo mit dem Cruz de Ferro einer der ganz besonderen Orte des Jakobsweges auf uns wartet.

Tag 17, Sonntag, 25. November

Rabanal del Camino – Columbrianos, 37 km
Gesamt 596 km

In der Nacht beginnt es stark zu regnen. Die Regentropfen machen auf dem hohen Wellblechdach des Schlafsaales einen Höllenlärm. Dazu herrscht die ganze Nacht ein munteres Kommen und Gehen im Schlafsaal. Ich schlafe im oberen Stockbett direkt an der Tür des Raumes, so dass ich auch wirklich jeden mitbekomme, der rein- oder rausgeht. Spanier, Asiaten, Franzosen, Deutsche – dazu Schnarcher, Licht An- und Wieder-Ausmacher, Wild-im-Rucksack-Kruschtler, rücksichtslose Lautstampfer – alles ist dabei. Einmal mehr bleibt es beim Versuch zu schlafen und ich schlafe wenig bis kaum. Aber wen wundert's bei diesen Rahmenbedingungen?!

Wir frühstücken um 8 Uhr. Isabella Pilar, die „Grande Dame" der Herberge kocht Kaffee für uns, dazu gibt's das übliche lecker getoastete Brot mit Tomate und Olivenöl, Salz und Pfeffer und ein zweites Brot mit Marmelade.

Eine halbe Stunde später sind Stefano und ich draußen und auf dem Weg in die Montes de León, einer Gebirgskette mit zahlreichen, schneebedeckten Zweitausendern. Für uns geht es heute über Foncebadón „nur" den Monte Irago mit dem Cruz de Ferro hinauf, der mit 1.517 Metern aber immerhin die höchste Erhebung des gesamten Camino Francés ist. Danach weiter über Manjarín und schließlich auf der anderen Seite über El Acebo genau so weit wieder hinunter wie wir uns heraufgearbeitet haben Richtung Ponferrada. Von den Höhenmetern her die anspruchsvollste Etappe überhaupt.

Draußen ist glasklare, angenehm kalte Luft, über uns ein wolkenloser Himmel, an dem noch immer der Mond zu sehen ist. Es wird gerade erst richtig hell. Etwas ganz Besonderes liegt in der Luft, sie wirkt nach dem Wolkenbruch in der Nacht wie sauber gewaschen und gereinigt – dies wird ein außergewöhnlicher Tag!

Durch Wiesen und hohe Gräser steigen wir auf, den Berg hinauf geht es immer höher. Zu Beginn ist alles um uns her noch blass und farblos, doch plötzlich schiebt sich die Sonne über den Hügel und taucht alles um uns her in ein einzigartiges, sagenhaftes Licht und wir erleben einen unbeschreiblichen Sonnenaufgang. Die Farben sind so intensiv, das Tiefgrün der Gräser, das leuchtende Rot der Felsen und herbstlichen Bäume, das Blau des Himmels und dazu, erhaben und scheinbar unbezwingbar, wie mächtige griechische Götter zu unserer Linken eine ganze Reihe Berge mit schneebedeckten Gipfeln. Es ist atemberaubend.

Wir gehen schweigend, trauen uns nicht, auch nur ein Wort zu sprechen, damit der Zauber des

Augenblicks nicht gestört wird. Sogar beim Gehen versuche ich die Füße leise aufzusetzen.

Wir sind noch keine zwei Stunden gegangen, immer bergauf, da sehen wir es. Vor uns ragt es weit empor in den Himmel hinauf:

Das Cruz de Ferro. Ein Eisenkreuz auf einem Eichenstamm.

Wenn es heilige Orte auf dieser Erde gibt, dann gehört dieser hier für mich dazu. Leise, still und demütig nähere ich mich dem Ort, an dem Pilger seit dem Mittelalter ihre Steine niederlegen. Sinnbild für die Lasten des Lebens, für Verfehlungen, Zerbrochenes, als Andenken an verlorene Menschen und verlorene Liebe, wo in Form des Steines auch sinnbildlich Altes abgelegt, beendet und zurückgelassen wird und ein Neuanfang gewagt wird. Auch Fürbitten und Gebete findet man hier.

All das, was hier in Jahrhunderten geschehen ist, was dieser Ort gesehen hat und still in sich trägt ist hier präsent, greifbar, verdichtet sich zu einer spürbar wahrnehmbaren geistigen Bewegung. Es schwemmt mich hinweg, die unerzählten Geschichten, vorübergepilgerten Menschen, die Seelen, das Leid, Trauer, die Sehnsucht, Hoffnung. Es ist so dicht, intensiv, spürbar, fassbar, unglaublich.

Sicher gibt es viele, die hier nur einen Haufen aufgeschichtete Steine mit aufgepflanztem Holzstamm und Eisenkreuz als Spitze sehen. Allenfalls ein Souvenirfoto wert, alles andere als Einbildung,

Albernheit oder Hokuspokus abtuend. Zum Glück darf das jeder so sehen und erleben, wie er möchte.

Aus meinem Rucksack hole ich vorsichtig Anetas Stein hervor, lege ihn nieder und kann lange Zeit nicht sprechen, bin bis ins Innerste berührt und erschüttert und doch fühle ich mich zeitgleich lebendig und ganz nah am Leben.

Hier stehe ich auf dem Höhenweg, schaue zurück in die Richtung, aus der ich hergekommen bin, denke an alles Erlebte, hinter mir Gelassene, Vollbrachte, Geglückte und blicke nach vorn, den schmalen Pfad entlang, der sich am Waldrand weiter Richtung Santiago entlangschlängelt. Und genauso ziehen in diesen Augenblicken hier am Eichenstamm mit Eisenkreuz stehend, unter meinen Füßen die über viele Jahre aufgehäuften Steine der Pilger, die Stationen meines Lebens an mir vorüber und ich schaue auf das, was da vielleicht noch kommt, noch auf mich wartet. Hier am Cruz de Ferro erlebe ich meinen ganz persönlichen Camino, der nur ihn und mich etwas angeht, der sich einprägt, einbrennt in mein Inneres und den ich gerne mit auf meinen weiteren Weg in mein verbleibendes Leben nehme.

Nachdenklich betrachte ich die abgelegten Steine. Einige von ihnen sind besondere Steine oder sie sind kunstvoll verziert, in langwieriger Handarbeit liebevoll bemalt, mit Namen oder mit ganzen Texten beschrieben. Auf dem flachen Stein eines italienischen Pilgers lese ich:

„Por mio zio, mio cugino, per i miei nonni e per te Ignazio, amico mio, mi manchi tanto, vi porto sempre con me."

Sinngemäß heißt es übersetzt: „Für meine Tante, meinen Cousin, meine Großeltern und auch für dich Ignazio, mein Freund, der mir so sehr fehlt. Ich trage euch immer bei mir."

Was, wenn wir Menschen etwas mehr Anteil nähmen an dem, was unseren Nächsten umtreibt, an seiner Freude, seinem Schicksal, wenn wir beides mit ihm teilten? Vielleicht, ja vielleicht wäre diese Welt ein besserer Ort...

Kurz darauf kommen wir nach Manjarin. Der Ort besteht aus einigen halb verfallenen Stein- und Holzhütten und einem Meer von Schildern, Flaggen und Andenken, die im Freien zwischen den Hütten kreuz und quer festgenagelt, angebunden oder an Holzlatten aufgespannt sind. Hier und da sind sie auch einfach ins Gebüsch geklemmt oder liegen an Steinhaufen angelehnt auf der Erde.

Seit 1993 lebt Tomás an diesem Ort. Damals als Pilger eigentlich auf dem Weg nach Santiago, verließ ihn hier in Manjarín plötzlich die Lust, weiterzugehen, oder der Zauber des Ortes nahm ihn so gefangen, dass er sich dazu entschied, fortan in der rauen Einsamkeit der Berge zu bleiben. Er ließ sich in den verfallenen Häusern nieder und begann in der Tradition der Tempelritter für vorbeiziehende Pilger zu sorgen.

So entstand seine einfache Pilgerherberge, die inzwischen mehr als 25 Jahre besteht und an deren Eingang eine Flagge mit dem Zeichen der Tempelritter weht. Die Übernachtungsmöglichkeit bei Tomás gehört zu den sehr besonderen Unterkünften entlang des Jakobswegs.

Als wir in das Haupthaus eintreten – in Manjarín sind alle Häuser offen - ist niemand zu sehen. Auf dem Tisch stehen Kannen mit Kaffee und Tee und einige hungrige Katzen sitzen auf den Stühlen. Für uns passt es leider nicht in den Tag, hier zu bleiben. So gehen wir nach einiger Zeit weiter die unbefahrene Straße entlang. Nach der nächsten Kurve sehen wir mitten auf der Straße einen alten Mann mit Schaufel und Besen bewaffnet. Er befreit den Asphalt von Ästen, Laub und Steinen, die das Unwetter in der gestrigen Nacht großzügig auf der Straße verteilt hat. Der Mann trägt abgerissene, grobe Kleidung, hat einen Vollbart und sieht aus wie jemand, der die meiste Zeit seines Lebens im Freien verbringt. Es ist Tomás, der hier in direkter Umgebung seines Zuhauses für Ordnung sorgt.

Weiter geht es den Höhenzug entlang. Über uns blauer Himmel, um uns her herbstlicher Laubwald und links und rechts soweit man sehen kann die hohen, schneebedeckten Berggipfel. Dann geht es über steinige, unebene mit Wurzeln durchzogene Pfade bergab. Weiter unten auf halber Berghöhe liegt ein Dorf in strahlendem Sonnenlicht: El Acebo. Unterhalb des Dorfes, dort wo der Berg weiter abfällt, hat sich ein Wolkenmeer gesammelt, so dass es aussieht, als schwebe El Acebo auf den Wolken frei am Himmel.

Während wir in Richtung der Häuser hinabsteigen, rasen plötzlich Mountainbiker in halsbrecherischer Downhillfahrt an uns vorüber. Immer häufiger begegnen uns die letzten Tage Radpilger, die den Camino mit dem Fahrrad zurücklegen.

Vor einer Bar des Dorfes setzen wir uns in die Sonne, genießen die Ruhe, trinken Kaffee und essen süße Köstlichkeiten, während uns die Erlebnisse des Morgens beide noch sehr beschäftigen. In den Gassen des Dorfes liegen Straßenhunde links und rechts des Weges. Dunkle Erinnerungen kommen in mir hoch. Aber die Hunde hier sind nicht gefährlich. Sie liegen schläfrig in der Sonne und nehmen kaum Notiz von uns. Weiter unten begegnen uns zwei jugendliche Reiter auf wunderschönen Pferden – ein Mädchen und ein Junge – die den Camino entlangreiten und auf ebener Fläche in einen wilden Galopp übergehen und davonpreschen.

Es folgt ein langer, sehr langer Abstieg, steinig und steil abfallend und die zurückgelegten Höhenmeter des Tages – zuerst hinauf, jetzt wieder hinunter – werden zunehmend anstrengend. Nach mehr als 32 Kilometern Tagesetappe liegt vor uns Ponferrada. Mit knapp 70.000 Einwohnern ist sie eine ansehnliche Stadt und gleichzeitig Hauptstadt der Comarca El Bierzo. Die mittelalterliche Burg, Wahrzeichen der Stadt und auf vielen Bildern und Wappen dargestellt, strahlt uns schon von weitem entgegen. Mittagszeit ist bereits vorüber und die Restaurants sind schon geschlossen. So landen wir schließlich in einem Kebab-Haus bei Döner und Tee. Wir haben großen Hunger und essen gleich mehrere Fladen- brote nacheinander. Nein, die Döner hierzulande sind nicht kleiner als bei uns zuhause, wir haben einfach einen gesegneten, schier unendlichen Ap- petit. Es schmeckt einfach köstlich und ich könnte mir in diesem Augenblick kein besseres Essen vor- stellen.

Anschließend pilgern wir weiter durch die Stadt und durch Parks und Vororte wieder hinaus aufs Land. Obwohl ich erschöpft und müde bin, möchte ich zum Übernachten nicht in der Stadt bleiben. Es hat sich bewährt, die großen Städte und Anzie- hungspunkte auf dem Camino hinter sich zu lassen und kleinere, nicht so bekannte Orte zu wählen.

So kommen wir einige Kilometer weiter nach Columbrianos. Wir kehren in der Albergue San Blas ein und sind hier wie so oft die einzigen Übernachtungsgäste. Unser Zimmer liegt im ersten Stock, den wir ganz für uns allein haben. Es gibt auf der Etage mehrere großzügige Badezimmer, eine Waschmaschine und alles ist blitzsauber. Wir nutzen die Gelegenheit, waschen Wäsche, sortieren unsere Rucksäcke und sitzen zwei Stunden später frisch geduscht und in frisch gewaschener Kleidung an einem gemütlichen Tisch im Lokal. An der Bar treffen sich die Männer des Ortes, trinken Bier, schauen Fußball auf dem kleinen hinter der Theke hängenden Bildschirm, diskutieren über Politik, oder genießen einfach schweigend das Ende des Wochenendes, bevor es morgen am Montag in eine neue Arbeitswoche geht. Wir haben unseren Platz direkt vor dem kleinen mit Öl befeuerten Ofen gewählt. So ist zumindest eine Körperhälfte gut gewärmt, während die andere zunehmend auskühlt. Deshalb wechseln wir alle halbe Stunde die Plätze, damit auch unsere andere Seite wieder aufgewärmt wird.

Wir bestellen leckere Gerichte, reden über Tomás und Manjarín, über das Cruz de Ferro, den Camino, schreiben wieder Tagebuch und beobachten das Treiben der Männer an der Bar. Mehrere Male erscheint eine Frau. Bei ihrem ersten Besuch stellt sie ihren Mann, der an der Bar steht und schweigend ein Bier nach dem anderen trinkt, zur Rede, fordert ihn mehrmals auf mit nach Hause zu kommen (auch wenn man kaum Spanisch spricht, ist dies unmissverständlich zu verstehen) und zieht schließlich unverrichteter Dinge wutschnaubend wieder ab. Bei ihrem zweiten Auftritt, circa eine Stunde später, wird es dann laut und heftig. Zuerst beschimpft sie ihren Mann. Als das nicht fruchtet, zerrt sie ihn schließlich von der Bar weg hinaus auf die Straße, wo es zu einem wilden Gemenge und Handgreiflichkeiten kommt. In einem lauten Tumult aus Schreien, Ohrfeigen und Gezerre verschwinden beide schließlich die Straße hinunter. Die anderen Männer bleiben überraschend ruhig.

Stefano und ich rätseln darüber, ob dies vielleicht ein sich sonntäglich wiederholendes Schauspiel ist und die Männer deshalb kaum Notiz von dem Spektakel nehmen.

Ich gehe früh ins Bett. Der Tag war voller Erlebnisse und vieles davon muss ich erst noch verarbeiten. Für Aneta habe ich ein Foto ihres Steines aufgenommen, wie ich ihn am Cruz de Ferro ablege. Das schicke ich ihr und erhalte prompt Antwort. Sie ist inzwischen in Santiago eingetroffen, empfiehlt mir eine Pension, verschiedene Cafés, Bars und Sehenswürdigkeiten. Sie hat ihren Flug gebucht und wird übermorgen, am Dienstag zurück nach Irland fliegen. Es folgt eine Beschreibung, wie man mit dem Bus aus dem Zentrum Santiagos am besten und günstigsten zum Flughafen kommt, wo man einsteigt und wie man ans Ticket für den Bus kommt. Gute, liebe, fürsorgliche Aneta...

Tag 18, Montag, 26. November

Columbrianos - Ruitelán, 40 km
Gesamt 636 km

Im fahlen, schwachen, hinter Wolken beinahe gänzlich verborgenen Schein des Mondes, gehen wir los. Die Stirnlampen auf unseren Köpfen beleuchten spärlich die vor uns liegende Straße. Unser heutiges Ziel ist Ruitelán. Die Gegend hier ist dichter besiedelt und wir kommen durch viele Ortschaften. Es geht über Camponoraya nach Cacabelos. Auf den dunkel gestrichenen Holzbalkonen alter Steinhäuser hängen an langen Schnüren aufgereiht gelbe und dunkel-lila gefärbte Maiskolben sowie knallrote Paprikaschoten zum Trocknen. In Cacabelos frühstücken wir zusammen mit einem irischen Pilger, den wir kurz zuvor auf dem Weg treffen. Er sitzt bei 8 Grad Außentemperatur in kurzen Hosen mit seinen nackten Beinen lang ausgestreckt auf dem Steinboden und grinst bis über beide Ohren. Zuerst bin ich mir nicht sicher, ob er noch ganz dicht ist, doch dann erklärt er uns, dass er seit einer Woche mit schlimmen Schmerzen und Krämpfen in den Beinen kämpft und dass die kalten Steine helfen würden. Ich nicke verständnisvoll, denn mit Schmerzen in den Beinen kenne ich mich inzwischen aus.

Immer wieder kommen wir an liebevoll gestalteten Gärten vorüber. Hier links des Weges ist es einer, in dem riesige Kakteen neben rostigen Skulpturen aus Metall stehen, dazwischen weitere Kunstobjekte aus wie in einem Spinnennetz gespannten farbigen Wollfäden. In der Mitte steht ein kleines dunkelrot gestrichenes Gartenhäuschen mit blauen Fensterläden. Vor Büschen blühender Sträucher stehen Schiefertafeln mit klugen Sprüchen. Einer von ihnen lautet:

„Tenemos dos vidas: La segunda empieza cuando descubres que solo tienes una."

Auf Deutsch: „Wir haben zwei Leben: Das zweite beginnt, wenn wir entdecken, dass wir nur eines haben."

Über Pieros geht es weiter nach Villafranca del Bierzo. Auf dem Weg dorthin kommen wir durch wundervolle Landschaften. Auf einem Hügel auf unserer linken Seite steht inmitten von Weinbergen ein altes, weiß getünchtes Herrenhaus zwischen drei hochgewachsenen Pinien. Darüber strahlend blauer Himmel mit einigen weißen Wolkenfetzen. Ein Anblick wie aus dem Bilderbuch. Ich mache Fotos und kann mich kaum sattsehen. Kurz vor Villafranca del Bierzo zeichnet sich über den wolkenverhangenen Bergen zur Rechten ein großer Regenbogen ab. Dazu fallen einzelne Sonnenstrahlen in die Bergtäler. Was für eine einzigartige Natur.

Am Eingang Villafrancas kommen wir an der Iglesia de Santiago vorüber. Hier gibt es die Puerta del Perdón, die Tür der Vergebung. Hoffentlich passe auch ich da hindurch!

In der rustikalen Albergue de Peregrinos Ave Fénix direkt neben der Kirche trinken wir Tee und treffen dabei auf zwei spanische Pilger, die wir bereits aus Grañón und Carrión de los Condes kennen. Wir wundern uns, wie die beiden es genauso schnell wie wir bis hierhergeschafft haben. Denn sie wirken weder sportlich noch besonders motiviert. Dazu machten sie bei beiden vorigen Begegnungen eher den Eindruck, den Schwerpunkt vor allem auf Essen und Trinken und weniger aufs Gehen zu legen, gerne länger an Orten zu verweilen und dabei mit allen Anwesenden viel zu diskutieren. Bei Meinungsverschiedenheiten ließen sie die Situation auch gerne schon mal in einen Streit eskalieren. Natürlich darf jeder nach seiner eigenen Façon pilgern und unterwegs sein, keine Frage. Wie gesagt, wir wundern uns nur. In diesem Fall hier ist der Trick ganz einfach: Die beiden gehen in den Herbergen mal hier mal da etwas zur Hand und lassen sich dafür vom Hospitalero im Auto wieder ein paar Städte weiter mitnehmen. Irgendwie finden sie wohl immer wieder eine Mitfahrgelegenheit.

Einige Ortschaften weiter treffe ich bei Pereje auf Ursula. Mit Rucksack, Hut, hellblauer Windjacke und einem mit Bändchen und Schildchen reich geschmückten Wanderstock pilgert sie den Weg entlang. Das besondere an Ursula: Sie ist 76 Jahre alt, kommt aus Aachen und pilgert aktuell auf ihrem

15. Camino und in einer Woche feiert sie ihren 77. Geburtstag! Ich bin beeindruckt. Ursula ist topfit. Auch sie spart sich das eine oder andere Stück Wegs – entweder weil sie es zwischenzeitlich langweilig findet, gut kennt, oder ihr der eine oder andere Berg mit seinem Anstieg mittlerweile ein bisschen zu anstrengend ist. Dann nimmt sie ein Taxi oder den Bus, bis sie ein Stück weiter wieder per pedes unterwegs ist. Ich habe großen Respekt vor dieser lebensfrohen, fitten Pilgerin.

Meine ständigen weiten Tagesetappen machen mir zunehmend zu schaffen und im Lauf eines jeden Tages ziehen sie sich mehr und mehr in die Länge. Wie Kaugummi scheint sich jeder einzelne Kilometer immer weiter auszudehnen und manchmal frag ich mich, ob da irgendwo vielleicht ein hässliches, äußerst fieses Camino-Teufelchen sitzt, das hämisch grinsend die Strecke durch Zauberei oder schwarze Magie verlängert. Auch heute beiße ich mich Meter für Meter und Kilometer für Kilometer durch.

Und dann, endlich, gegen 16.30 Uhr haben wir es wieder geschafft. Wir sind in Ruitelán und stehen vor dem Schild mit dem Pfeil nach rechts. Darauf steht geschrieben „Albergue Refugio Pequeño Potala". Es ist die von den beiden Buddhisten Carlos und Louis geführte Herberge, in der wir heute übernachten werden. Die beiden empfangen uns so herzlich und freundlich, als wären wir langjährige Freunde und besonders wertgeschätzte Gäste. Sie sind so vergnüglich und in sich ruhend, in ihrer Art so angenehm und wohltuend, dass wir uns bei ihnen sofort sehr, sehr wohl fühlen. Und auch heute – wie kann es inzwischen anders sein – sind Stefano und ich die einzigen Gäste.

Neben der Eingangstüre hängt neben einer Fotowand mit Gästen aus aller Welt, die auf den Bildern in den unterschiedlichsten Posen mit Carlos und Louis zu sehen sind, auch ein Bild des Dalai-Lama. Ebenfalls im Flur neben der Fotowand angeheftet ist ein Zettel mit der Aufschrift „Services" zu finden. Darunter ist zu lesen:

„Sleep 5 €, Dinner 8 €, Breakfast 3 €, Coffee/Tea 1 €, Washing Machine 4 €, Dryer 4 €"

Nun folgt die zweite Überschrift „Massages" mit folgenden Angeboten:

„Siatsu Complete (whole body energetic balance) Pilgrim Special Price 30 €, Massage (only legs) 10 €, Massage (only back) 10 €"

Da stehe ich und denke nach. Eine Massage „whole body energetic balance", das wäre die Krönung des Tages! Kurzentschlossen gehe ich zu Carlos und frage ihn, ob das heute noch möglich wäre. Er nickt, meint, ich solle nach dem Duschen gleich in das angrenzende Zimmer kommen, er werde solange die Heizung einschalten. Zwanzig Minuten später trete ich ein. Die Raumtemperatur ist nur leicht überschlagen und es ist immer noch etwas kühl. Auf dem Boden liegt eine dicke Decke und

Carlos entzündet soeben eine Kerze. Ich lege mich auf den Bauch und schließe die Augen. Dann spüre ich förmlich, wie sich Carlos konzentriert und seine Kräfte bündelt, bevor er beginnt. Sein tiefes, gleichmäßiges Atmen dringt in mein Ohr und unwillkürlich passt sich mein Atemrhythmus dem seinen an. Plötzlich, ohne es zu sehen, fühle ich, wie er beide Hände ruhig über meinen Rücken hält. Ohne mich an irgendeiner Stelle zu berühren wird mein Oberkörper heiß, überträgt sich Energie von ihm auf mich. Er holt tief, sehr tief Luft – ich kann nicht anders, tue es ihm gleich – und im nächsten Augenblick pressen sich seine beiden Hände so fest auf meinen Körper, dass mir der Atem stockt. Seine Finger bohren sich tief in meinen Rücken und ich rechne jeden Moment damit, dass sie durch mich hindurchdringen und auf der Bauchseite wieder herauskommen. Ein Energiestoß schießt durch meinen Leib, pulsiert durch meine Venen und Blutbahnen. Es ist die Massage meines Lebens. Es ist wie eintauchen in eine andere Welt. Es spült mich weg, es ist unbeschreiblich. In Sekundenbruchteilen laufen Stationen meines Pilgerweges, das Cruz de Ferro, Oscar Garcia Diego und noch viel mehr durch meine Gedanken. Meinen Geist trägt es fort zu Begegnungen und Momenten meines Lebens, die weit zurückliegen. Weit hinaus weht es mich, bis an Orte, die ich weder kenne noch beschreiben kann. Bilder in kräftigen Farben und fantastische Landschaften tauchen in mir auf. Es ist diese große Tür, dieses Tor in mir, hinter der ich weiß nicht was schläft, ruht, die ich noch nicht öffnen konnte. Ihre Zeit ist wohl noch nicht gekommen. Doch durch den Minispalt, das Schlüsselloch, durch das ich spähen darf, strahlt Unglaubliches, mit dem Verstand Unbegreifliches und die Welle nimmt mich mit sich fort.

Ich habe jegliches Zeitgefühl verloren. Irgendwann ist die Massage vorüber. Mich fröstelt, ich zittere, mein Gesicht tränennass. Bestürzt fragt mich Carlos, ob alles in Ordnung sei. Ich lächele, bedanke mich bei Carlos mit einem Nicken. Sehr erleichtert erhebt sich Carlos, geht leise aus dem Raum und ich liege noch einige Zeit, während meine Sinne nur langsam wieder zurückkommen, Seele, Geist und Körper wieder eine funktionierende Einheit bilden und ich fähig bin, mich aufzurichten.

Als ich in den gemütlich eingerichteten Aufenthaltsraum mit Holztisch und Bank trete, in dem wir abendessen, klingt beruhigende klassische Musik aus Lautsprechern und auf dem schön eingedeckten Tisch brennen Kerzen. Stefano sitzt entspannt da und schreibt in sein Buch. An der Wand lehnt eine Gitarre und eine kleine Bibliothek gibt es auch.

Louis kommt mit einem Tonkrug mit dampfender Suppe aus der Küche und wünscht uns einen guten Appetit. Auf dem Tisch steht eine Glaskaraffe mit Rotwein, Brot und ein Wasserkrug.

Alles ist schön angerichtet, wir werden herzlich umsorgt, liebevoll bekocht und fühlen uns auch hier geborgen und wohlbehütet von diesen beiden herzensguten Buddhisten.

Es folgt eine große, gute gefüllte Platte mit grünem Salat, Tomate, Thunfisch, Mais, Oliven und Mozzarella, dann Spaghetti mit einer Pilz-Sahnesauce und schließlich ein köstlicher Nachtisch aus einer Art weißem Schokomousse, obenauf bedeckt mit einer Ingwer-Geleescheibe. Essen kann unglaublich glücklich machen – Freundlichkeit, Offenheit und Gastfreundschaft ebenfalls – und wenn dann wie hier alles zusammenkommt, ist es kaum auszuhalten und ein kleines Stück Himmel.

In dieser Nacht schlafen wir sicher, glücklich und wohlbehütet wie in Abrahams - oder besser gesagt in Buddhas Schoß.

Tag 19, Dienstag, 27. November

Ruitelán – Triacastela, 33 km
Gesamt 669 km

Als ich erwache, muss ich mich kurz orientieren. Mit geschlossenen Augen dringt wundervolle Musik an mein Ohr. Es ist das Nessun Dorma aus Puccinis Oper Turandot, das hier kurz nach 7 Uhr in voller Lautstärke aus mehreren Lautsprechern durch die Räume hallt und das ganze Haus mit seinem Klang erfüllt.

Beflügelt hüpfe ich aus dem Bett, schlüpfe in mein Pilgeroutfit und gehe hinüber in den großen Aufenthaltsraum. Hier vermischt sich die Musik mit dem Duft nach geröstetem Brot und frisch gebrühtem Kaffee. Louis tischt bereits zum Frühstück auf und wir sind getragen von einer Wolke aus Glück und Harmonie und eigentlich will man einfach nur hierbleiben.

Wir genießen den Augenblick und dann heißt es auch schon wieder Abschied nehmen. Abschied von unseren beiden Camino-Engeln Carlos und Louis. Es gibt vieles, was mit Geld nicht gekauft, bezahlt und auch nicht gegeben werden kann. Es sind die wertvollen und bleibenden Dinge. Schade, dass wir die oft so geringschätzen, anstatt ihnen einen

Ehrenplatz in unseren Leben zu geben und sie über das Materielle zu stellen...

Es geht erneut steil den Berg hinauf. Das Höhenprofil des heutigen Tages lässt nichts Gutes ahnen. Wir starten in Ruitelán auf etwas mehr als 600 Metern Höhe. Dann geht es über mehrere Ortschaften und Höhenzüge hinauf nach O'Cebreiro, über den Cebreiro Pass weiter zum 1.270 Meter hohen Alto de San Roque, bis wir schließlich mit dem Alto do Poio mit 1.335 Metern den höchsten Punkt der Etappe erreichen, bevor es auf der anderen Seite wieder hinuntergeht nach Triacastela, wo wir hoffen, bis am Abend einzutreffen.

Auf halbem Weg Richtung O'Cebreiro kommen wir nach der ersten gepilgerten Stunde durch das Bergdörfchen La Faba. Links am Weg liegt die von deutschen Hippies aus Essen geführte Albergue „El Refugio". Das Hostel ist zwar geschlossen, aber im angrenzenden Kräuter- und Gemüsegarten ist schon ein Mann barfuß in Pluderhose und ausgefranstem Matrosenhemd am Ernten einiger später Tomaten. Im Mundwinkel klemmen schon jetzt um diese frühe Tageszeit die Reste eines unappetitlichen gelblichen Joints, der qualmend vor sich hin glimmt und einen intensiven, süßlichen unzweifelhaften Geruch verströmt. Mir wird bereits von den wenigen eingeatmeten Rauchschwaden schummrig. Mit leicht glasigem, etwas abwesendem Blick lädt er uns gastfreundlich auf Tee, Brot und Tomaten ein, stellt uns Öl, Salz und Pfeffer dazu und streckt uns aufmunternd seine selbstgedrehte Zigarette entgegen, beziehungsweise das, was davon übrig ist. Wir bleiben dankend bei Tee, Brot und Tomaten. Eine freche Katze versucht derweil penetrant, Stefano sein Essen abzuluchsen.

Im Wald ragen die kahlen Bäume in die Höhe und wir waten durch knöchelhohes rotbraunes Herbstlaub. Dann geht es über freies Weideland an grasenden Kühen vorüber hoch hinaus. Beim Blick zurück sehen wir unter uns auf ein Meer von Wolken. An einigen Stellen durchbohren steile Gipfel und bewaldete Höhenzüge die Watteschicht, während am Horizont die Sonne mehrere Anläufe nimmt, um sich ihren Weg durch die Nebelwand zu bahnen.

Beim Blick nach vorn geht es immer weiter bergan und einige Bergspitzen heben sich schneebedeckt empor. Am Wegesrand stehen Fliegenpilze wie aus dem Bilderbuch. Hier und da liegt eine Handvoll Schnee. Wir passieren die Grenze zwischen Kastilien-León und Galicien. Auf dem Grenzstein sind die Wappen der beiden Regionen abgebildet, getrennt durch ein auf der Spitze stehendes Schwert. Daneben der Jakobsweg-Wegweiser mit der Angabe der verbleibenden Kilometer bis Santiago de Compostela: nur noch 160 km. Da stehe ich, schaue auf die Zahl und weiß nicht, ob ich lachen oder weinen soll. Ein komisches Gefühl. Einerseits bereits so viel an Weg zurückgelegt, so viel geleistet, erlebt, hinter mich gebracht und das Ziel bald erreicht. Andererseits, was dann, wenn der Weg zu Ende ist, ich am Ziel angelangt bin und meine Pilgerzeit vorüber ist? Wie wird es sein, falle ich in ein Loch, was wird von dieser außergewöhnlichen Zeit übrigbleiben? Ich schiebe die Gedanken weit fort, will nicht weiter darüber nachdenken, nicht hier und jetzt, es ist noch viel zu früh dafür.

Nach einem steilen, mehr als zweieinhalb-stündigen Aufstieg, sehen wir vor uns O'Cebreiro, den sagenumwobenen Wallfahrtsort, um den sich so viele Legenden ranken. Von der Anstrengung bin ich komplett durchgeschwitzt und nass bis auf die Haut. Ich habe den Eingang zu der kleinen Häuseransammlung noch nicht ganz erreicht, da flötet mir eine frische und muntere Ursula ein ausgeruhtes, langgezogenes „Guten Morgen" entgegen. Fassungslos schaue ich die alte Dame verdattert an. Wie hat sie es nur geschafft, vor uns hier heraufzukommen? Doch dann freue ich mich sehr, sie hier oben wieder zu treffen und wir begrüßen uns herzlich. Wie sich herausstellt, hat Ursula heute Morgen das Taxi genommen und sich den schweren Aufstieg so erspart.

Bereits in der Antike wurde die Route über den Cebreiro-Pass als Verbindung zwischen den Mesetas von Kastilien-León und Galicien genutzt. Im Mittelalter entstand hier dann eine Pilgerstation mit Hospital und Kloster. Ja und dann gibt es da noch die Legende über das Hostienwunder von O'Cebreiro:

Demnach kam der Bauer Juan Santín aus dem Nachbardorf Barxamaior jeden Tag zur heiligen Messe nach O'Cebreiro. Als eines Tages ein Unwetter ausbrach, rechnete der Priester mit keiner Seele. Doch Juan Santín erschien. Der Priester, offensichtlich weniger gläubig als der Bauer, machte sich innerlich lustig über den einfältigen Mann, der sich für einen Gottesdienst der Mühe dieses weiten und beschwerlichen Weges unterzogen hatte. Dazu ärgerte er sich wohl auch ein wenig, nun für eine einzige Seele Heilige Messe feiern zu müssen, und ihm entfuhr sinngemäß folgender Satz: "Der kommt bei diesem Wetter nur um ein bisschen Brot und Wein zu sehen". Da geschah das Wunder: Die Hostie verwandelte sich in Fleisch und der Wein in Blut. Dieses eucharistische Wunder, das sich um das Jahr 1300 zugetragen haben soll, erweckte höchstes Aufsehen.

Die Königin Isabella I. von Kastilien und König Ferdinand II. von Aragón stifteten nach ihrer Rückkehr von einem Besuch in Santiago de Compostela 1486 in Cebreiro einen Schrein zur Aufbewahrung der Reliquien dieses Blutwunders: Patene und Kelch, sowie zwei Goldfläschchen.

Bauer und Priester haben gemeinsam nebeneinander in einem Seitenschiff der Kapelle ihre letzte Ruhestätte gefunden. Und die katholische Kirche erkannte das Wunder offiziell an. Bis heute nehmen Hostie und Kelch einen dominanten Platz im Wappen Galiciens ein.

Heute ist O'Cebreiro mehr Touristenort und Sehenswürdigkeit mit Souvenirshops, in denen man allen möglichen Klimbim kaufen kann, sowie einigen Bars und Restaurants.

Trotzdem hat die Kapelle auf mich eine besondere Wirkung. Zum Teil liegt es sicherlich an den Legenden, die sich um diesen Ort ranken. Aber dann gibt es hier in der Kapelle auch noch eine frei zugängliche Sammlung von Bibeln in über 50 Sprachen. Interessiert betrachte ich die in einem beleuchteten Regal aufgereihten und jeweils aufgeschlagenen Bücher und blättere sehr vorsichtig in einigen von ihnen. Darunter Sprachen und Schriftzeichen, die ich noch nie zuvor in meinem Leben gesehen habe, wie Armenisch oder Cherokee, das zur irokesischen Sprachfamilie gehört und derzeit noch von ca. 22.000 Menschen auf der Welt gesprochen wird. Mit geschlossenen Augen taste ich die Schriftzeichen der Brailleschrift entlang und betrachte das für uns so eigentümliche Arabisch.

In der Bar nebenan trinke ich eine heiße Tasse Tee und esse „caldo gallego", eine „galizische Brühe", traditionell mit weißen Bohnen, Speck, Chorizo, Rindfleisch, Kartoffeln, Grünkohl, Salz und frisch gemahlenem Pfeffer, dazu eine Scheibe Weißbrot. Dann geht's weiter.

Jetzt führt der Weg tatsächlich entlang der Schneegrenze. Ich bücke mich, forme mit den Händen einen Schneeball, blicke mich um, schaue auf die weiße Fläche und freu mich im wahrsten Sinne des Wortes wie ein Schneekönig. So geht auch dieser meiner kleinen geheimen Camino-Wünsche in Erfüllung, ein Stück Wegs durch Eis und Schnee zu pilgern.

Von Pass zu Pass stiefeln wir über die Berge. Über das Örtchen Liñares zum Alto de San Roque hinüber, wo ein übergroßes, mehrere Meter hohes Pilgerdenkmal steht. Der Pilger aus Stein und Metall stemmt sich auf seinem Sockel mit beiden Beinen gegen den Wind, in der einen Hand den Pilgerstab, während er mit der anderen seinen Hut tief ins Gesicht drückt, damit er nicht davonfliegt. Zum Glück ist der Abstieg hinunter ins Tal nicht so steil, wie das Höhenprofil der heutigen Etappe auf der Karte uns befürchten ließ.

Kurz vor Triacastela passieren wir im kleinen Dorf Ramil den Castaño centenario, einen etwa 800 Jahre alten Kastanienbaum mit einem Umfang von mehr als 8 Metern! Mit seinen zahllosen kreuz und quer verwundenen Ästen, knorrigen Verzweigungen, hier und da tiefen Verwundungen aus alter Zeit sieht er aus wie ein Zauberbaum. Wenn der erzählen könnte, was in all diesen Jahren schon an ihm vorüberzog...

Die in Ortsmitte Triacastelas gelegene Herberge Complexo Xacobeo Albergue & Pensión ist ein moderner, großzügiger Bau mit schönem Ambiente. Holzmöbel, Natursteinwände und moderne Einrichtung fügen sich zu einem sehr angenehmen Aufenthaltsort zusammen. Und alles glänzt uns nur so entgegen - so sauber ist es hier. Rezeption, Kaminzimmer und Treppenaufgang in den ersten Stock hinauf – alles ist verbunden, offen, beieinander und ergänzt sich zu einem wunderschönen Raum. Die Sitzgruppe vor dem prasselnden Kaminfeuer ist dann auch bald Treffpunkt aller anwesender Pilger. Auf den gemütlichen Sesseln lümmeln wir mit Pilgern aus den USA, Schweden, Irland, Spanien und: Ursula! Frisch und munter läuft sie zur Tür herein und hat ein Bett in unserem Schlafraum, der so angenehm mit Trennwänden zwischen den Betten unterteilt ist, dass man trotz 6 weiteren Personen genügend Freiraum und Intimsphäre hat, so dass der Aufenthalt eine wahre Wohltat ist.

Im Supermarkt am Ort kaufen wir ein und kochen uns einen großen Topf Kartoffeln. Dazu gibt es leckeren Höhlenkäse, Tomate, Olivenöl, Brot und Rioja Wein.

Alle gemeinsam haben wir einen spaßigen Abend, erfahren allerhand an Pilgerabenteuern der anderen Reisenden und reden bis lange in die Nacht hinein.

Tag 20, Mittwoch, 28. November

Triacastela – Ferreiros, 34 km
Gesamt 703 km

Die Landschaft öffnet sich in eine hügelige Weite, die von freundlichen und trotz des Herbstes noch grünen Weiden bestimmt ist. Währenddessen treten die hohen Berge links und rechts zurück und liegen bald hinter uns. Doch das hügelige Hoch und Runter hat es in sich und fordert uns gleich zu Beginn des Tages.

Ich gehe so vor mich hin, als Stefano vor mir plötzlich und unvermittelt stehen bleibt. Beinahe stolpere ich in ihn hinein. Als ich aufschaue, sehe ich auf der linken Seite ein offenes Tor, das in den Innenhof eines alten, renovierungsbedürftigen Hauses führt. Der Weg hinter dem Tor geht direkt in eine Art offene Scheune hinein, die nach vorn und auf die Hofseite hin keine Wände hat und nur im hinteren und rechten Bereich mit dicken Natursteinwänden geschlossen ist. Unter der Überdachung stehen Sofas, Tische mit Obst, Nüssen und Getränken. An den Wänden hängen viele bunte, selbstgemalte Bilder und überall an den Mauern, auf dem Boden und über den gesamten Hof verteilt stehen und lehnen bemalte, verzierte und in den unterschiedlichsten Sprachen beschriebene Schiefertafeln. Vor uns liegt die Zuflucht Montán.

Weder in meinem Camino-Reiseführer noch auf der Karte ist dieser Ort verzeichnet oder genannt. Es müssen viele Pilger sein, die hier verweilen, Zeit verbringen und ihre Gedanken, Worte und Gefühle kreativ und künstlerisch zum Ausdruck bringen. Im Hof liegen Berge an großen grünen Kürbissen, an aufgestellten Ästen und Zweigen hängen hunderte Jakobsmuscheln, auch diese vielfach beschrieben und verziert. Auf einem Sofa in der Ecke der offenen Scheune sitzt Louis, ein heimatloser Brasilianer, spielt Gitarre und singt dazu auf Portugiesisch. Auf seinem Kopf eine Wollmütze, in einen dicken, speckigen Anorak gehüllt und mit verdreckter Arbeiterhose sitzt er da und spielt mit seinen zerfurchten, von Arbeit aufgerissenen und zerschundenen Fingern so wunderbar Gitarre, dass es einen tief anrührt. Sein Blick ist dabei weit in die Ferne gerichtet. Manchmal sind seine Augen auch einfach geschlossen. In seinem Spiel und noch mehr in seiner Stimme klingt die Melodie seines Lebens, fühlt man die Schwere seiner gegangenen Wege. Es liegt eine besondere, melancholische Stimmung auf dem gesamten Ort, der einen sofort umhüllt und auf geheimnisvolle Weise gefangen nimmt.

Während wir dastehen und der Musik lauschen, kommt ein schwarzhaariger junger Mann aus dem Haus zu uns herüber.

„Ich bin Arsalan, aber nennt mich einfach Ale" begrüßt er uns gastfreundlich. Ale ist Iraner und lädt uns zu Kaffee und Plätzchen ein. Die beiden sind die einzigen Pilger hier und sind bereits seit einigen Wochen in Montán. Sie renovieren für den Eigentümer das Haus und dürfen hier dafür kostenlos wohnen.

Arsalan hat einige Jahre in Deutschland in Münster studiert, ging danach zunächst zurück in den Iran und konnte dort aber nicht bleiben. Wohl wie er sagt, weil er keinen Dienst als Soldat leisten wollte. So ist er nun seit mehr als 3 Jahren auf dem Weg durch die Welt, auf seinem ganz persönlichen Camino. Zurück in seine Heimat kann er nicht mehr. Vieles an seiner kurzgefassten Geschichte liegt im Dunkeln, auch weiß ich nicht, ob ich alles glauben will, was er berichtet. Er selbst bleibt undurchsichtig und schwer einschätzbar und doch ist er herzlich und sehr gastfreundlich.

Man muss ein wenig Acht geben, dass man sich an diesem Ort hier nicht verliert, hängenbleibt und das Ziel der Pilgerreise aus den Augen verliert. Schnell wird alles in Frage gestellt, ob das Pilgern nach Santiago überhaupt einen Sinn hat, ob man nicht besser an guten Orten wie diesem hier länger verweilt, neue und andere Erfahrungen sammelt und so weiter.

Etwas später ziehen Stefano und ich nachdenklich weiter. Knapp 2 Kilometer und eine halbe Stunde später steht an einer Straßenkreuzung ein Schild:

„La Casa Del Alquimista."

Der Pfeil zeigt nach links, der Camino folgt dem Weg weiter nach rechts. Stefano wird ganz aufgeregt. Er hat über den Alchemisten einiges gehört und will unbedingt den kleinen Umweg von vielleicht 1-2 Kilometern in Kauf nehmen. Ich gebe nach und begleite ihn. Eigentlich halte ich nicht viel davon und glaube auch nicht an die großen Wunder der Alchemie und die Macht der Steine.

Als wir am Haus des Alchemisten eintreffen, liegt alles ruhig vor uns. Das Steinhaus mit den grünen Fensterrahmen liegt mitten im Grünen. Vor dem Eingang gibt es einen überdachten Sitzkreis um eine Feuerstelle mit einfachen Sitzgelegenheiten und bunten Decken. Auf einer Bank liegen Trommeln und auf einem antiken Tisch mit geschwungenen, verzierten Beinen liegen unterschiedlichste Steine an Bändchen zum Umhängen als Amulett. Schon hier überkommt mich ein eigenartiges Gefühl. Ich kann es nicht beschreiben, aber mit einem Mal bin ich äußerst angespannt und würde am liebsten auf dem Absatz kehrt machen.

Das Haus des Alchemisten ist einer der mystischen, außergewöhnlichen Eindrücke auf dem Camino. Nicht der Art, weswegen ich unterwegs bin, aber trotzdem kann man sich der Aura dieses Ortes nicht entziehen. Auch ist der Ort hier weder im Reiseführer erwähnt, noch hatte ich sonst irgendwo etwas darüber gelesen.

Die Haustür ist offen und wir treten vorsichtig ein. Im Flur des Hauses hängen gemalte Bilder an den Wänden und abstrakte, seltsam geformte Skulpturen stehen an der Wand entlang aufgereiht. Alles ist kunstvoll dekoriert, wie in einer Galerie, dazu fällt durch wenige bunte Fenster in einem angrenzenden Raum gedämpftes Licht in den fensterlosen Flur. Rechts geht es in eine rustikale Küche.

Ein alter Mann mit Mütze und einem grob gewobenen Umhang steht am gusseisernen Herd und macht Feuer. Er winkt uns heran, weist schweigend auf die Eckbank und hantiert weiter mit den Streichhölzern. Ich bin wie paralysiert von seiner Erscheinung.

Vor uns steht der Alchemist, es besteht kein Zweifel.

Selten zuvor habe ich jemanden mit einer derartigen Ausstrahlung getroffen. Er hebt den Blick lediglich für einen kurzen Moment, in dem seine Augen mich für wenige Millisekunden scheinbar völlig desinteressiert streifen, aber im gleichen Moment läuft es mir eiskalt über den Rücken und ich bekomme Gänsehaut. Es ist, wie wenn im selben Augenblick etwas nach mir greift, mich erforscht, ohne dass ich mich wehren oder davor verschließen könnte. Obwohl er nichts Besonderes tut oder sagt, geht trotz seines fortgeschrittenen Alters eine unglaubliche Kraft und Stärke von ihm aus, umgibt ihn eine Aura an geheimem Wissen, was ich nicht näher beschreiben kann. Der vernunftbegabte Naturwissenschaftler würde all das als Humbug, alberne Einbildung und Mummenschanz belächeln.

Ich eigentlich auch, und wäre ich nicht selbst vor Ort, würde die Minuten miterleben, ich würde kein Wort von all dem Glauben schenken. Doch dieser Alchemist hier ist echt, wahr, geheimnisvoll und verfügt über unbegreifliche Mächte. Alles an ihm strahlt diese Besonderheit aus und lässt erahnen, dass hinter seinem sichtbaren Äußeren eine völlig unbekannte Welt liegt, in der er sich mit Kräften und Mächten einlässt und verbindet, die mit unseren natürlichen Sinnen nicht fassbar sind und von denen ich nichts wissen möchte. Mein Unwohlsein nimmt zu, steigert sich und ich rutsche auf der Eckbank unruhig hin und her, während Stefano neben mir wie hypnotisiert wirkt. So kenne ich ihn überhaupt nicht, er ist komplett in den Bann dieses Mannes gezogen.

Der Alchemist setzt sich auf den Hocker am Herd. Als das Feuer hochlodert, verschließt er die Öffnung mit der gusseisernen Platte. Dann nimmt er ein Messer und eine Knolle Knoblauch, schält die Zehen, wirft sie in einen Topf mit Wasser und beginnt, das Mittagessen für sich und seine Übernachtungsgäste zuzubereiten. Es gibt einige Zimmer im Haus, in denen er Pilger beherbergt.

Stefano und ich erhalten einen Becher Kaffee. Auf dem Tisch liegen Amulette und viele Bücher. Bücher über Steine, ausgefallene Pflanzenarten und weitere Bücher mit seltsamen Zeichnungen und Figuren, die ich nicht einordnen kann.

Die Tür geht auf und herein kommt ein Mädchen mit strubbeligen Haaren. Es ist Zoe, eine junge US-Amerikanerin. Eigentlich pilgert sie wie wir nach Santiago. Doch als sie vor etwas mehr als 2 Wochen hier beim Alchemisten übernachtete, nahm sie dieser Ort so sehr gefangen, dass sie entschied, erst einmal zu bleiben. Inzwischen sind mehr als 14 Tage vergangen und sie denkt überhaupt nicht mal ans Weitergehen. Zoe erklärt Stefano, dass der Alchemist ein ganz wunderbarer, besonderer und weiser Mann sei und man von ihm unendlich viel lernen könne.

Auch hierbei, bei Zoes Erzählungen habe ich ein ungutes Gefühl. Bei ihren Erzählungen lächelt sie uns freundlich an, wirkt völlig entspannt, auf mich sogar eher schwebend, abwesend, wie in Trance. Ich bin mir nicht sicher, ob sie so ganz bei klarem Verstand ist.

Wieder wandern meine Blicke hinüber zum Alchemisten und nun, mit einem Schlag, fällt es mir ein! Die ganze Zeit überlege ich schon, an was mich die ganze Szenerie erinnert. Natürlich, das ist es! Ich denke an Paolo Coelhos Buch „Der Alchemist" und an weitere seiner herausragenden Bücher. Dazu weiß ich, dass auch er den Jakobsweg nach Santiago pilgerte. Ich bin mir plötzlich sicher, dass er hier einkehrte, längere Zeit blieb und Kontakt zu diesem Mann hier hatte. In vielen seiner erfolgreichen Bücher treten Personen in Erscheinung, die sehr auf den Alchemisten hinweisen, mal ist es ein geheimnisvoller Meister, mal der Alchemist selbst, dann ein Magier und Großmeister seiner Zunft.

Während meine Gedanken immer weiter herumspinnen und sich allerhand wirres Zeug ohne jede greifbare und nachvollziehbare Grundlage zusammenreimen, tritt eine weitere Person in den Raum zu uns herein: Ein sehr groß gewachsener junger Mann mit noch wilderen Lockenhaaren als Stefano. Seine Haartracht geht schon mehr in eine Art Rastalocken. Auch er trägt einen grob gewobenen Umhang wie der Alchemist. Die Umhänge sehen aus wie die der Peruaner, mit interessantem Muster und in unterschiedlichen Farben.

Zoe und der junge Mann mögen sich ganz offensichtlich sehr gerne und mir wird schnell klar, dass die beiden mehr als pure Freundschaft verbindet. Wie sich bald herausstellt, ist der Junge der Sohn des Alchemisten. Die beiden jungen Leute schenken sich Tee ein, nehmen eine Scheibe Brot und bestreichen sie mit Marmelade. Das Mädchen unterhält sich angeregt mit Stefano, erzählt ihm, dass viele Pilger auf ihrem Weg für längere Zeit hier beim Alchemisten bleiben, weil er ein so außergewöhnlicher Mensch ist und dies ein besonderer Ort. Auch wisse sie gar nicht mehr sicher, ob sie überhaupt noch weiter nach Santiago wolle, obwohl das der Grund war, wofür sie einzig aus den USA die weite Reise nach Europa unternommen hat.

Es gäbe so viel wichtigere Dinge im Leben. Währenddessen lehnt der Junge flapsig am Türrahmen und hört schweigend zu. Auch er macht auf mich einen eher abwesenden Eindruck, als wäre sein Geist in einer Parallelwelt unterwegs.

Inzwischen ist mir hier in der Umgebung und im Einflussbereich des Alchemisten richtiggehend schlecht und übel. Ich halte es hier nicht mehr aus, muss raus an die frische Luft, möchte mich am liebsten mit einem lauten Schrei von den Dingen hier befreien. Ich nehme meine ganz Kraft zusammen, stehe auf, wende mich an Stefano, sage ihm ruhig und bestimmt, dass ich jetzt weitergehe und hoffe, ihn am Abend wiederzutreffen, lächle in die Runde, gehe quer durch die Küche auf den Flur und hinaus aus dem Haus. Stefano nimmt kaum Notiz von meinem Aufbruch und bei den anderen habe ich den Eindruck, dass sie froh sind, dass mit mir die negative Energie den Ort endlich wieder verlässt. Vor meinen Augen dreht sich alles. Ich fühle mich benommen, laufe los, stehe völlig neben mir.

Als ich schon einen Kilometer entfernt bin und froh, das Haus und die Gesellschaft weit hinter mir zu wissen, bemerke ich, dass ich meine Stöcke vor dem Haus des Alchemisten vergessen habe. Ich fluche, schimpfe, kann meine Dusseligkeit kaum fassen, drehe um, renne den ganzen Weg zurück, schnappe die Stöcke vor dem Haus, sehe zum Glück keinen Menschen und springe so schnell ich kann wieder davon.

Ich bin aufgewühlt und durcheinander. Was für ein abgefahrener Ort! Und eigentlich gibt es all das, was ich gerade zu spüren und zu empfinden meinte überhaupt gar nicht. Oder vielleicht doch? Offensichtlich scheint es zwischen Himmel und Erde mehr zu geben, als wir mit unseren nüchternen, verstandesmäßig geprägten Sinnen der westlichen Welt wahrnehmen und für möglich halten. Ich ärgere mich über mich selbst, dass ich überhaupt mitgegangen bin und gehe noch schneller. Im Laufschritt die Straße entlang, immer zwischen Feldern hindurch. Plötzlich braust ein Auto mit hoher Geschwindigkeit heran, überholt mich knapp und rast in halsbrecherischer Fahrt weiter die schmale Straße entlang. Für den kurzen Moment eines Augenblicks erhasche ich einen Blick auf die beiden Personen im Fahrzeug: Am Steuer sitzt der Sohn des Alchemisten und neben ihm auf dem Beifahrersitz sehe ich Zoe. Ich stehe im aufgewirbelten Staub der Straße, habe noch die Hand zum Gruß erhoben, obwohl das mit Sicherheit niemand sieht oder interessiert und komme mir reichlich dämlich vor.

Als ich einige Zeit später an eine Straßenkreuzung komme, suche ich vergeblich nach irgendwelchen Camino Wegweisern, die sonst überall so zahlreich platziert sind. Ich laufe ein Stück nach links – nichts. Dann nehme ich den Weg geradeaus - ebenfalls keine Hinweise. Schließlich gehe ich nach rechts, aber auch hier keine Pfeile, Schilder oder Muscheln, die mir Hoffnung auf den richtigen Weg machen. Ich gehe zurück zur Kreuzung und schaue ratlos nach allen Seiten. In all der Aufregung habe ich seit dem Aufbruch vom Haus des Alchemisten wohl nicht genügend auf die Markierungen geachtet und stelle erst jetzt fest, dass ich in der vergangenen halben Stunde kein einziges Wegzeichen mehr gesehen habe. Schlagartig wird mir klar, dass ich den richtigen Weg schon lange verloren habe und mich zu allem Unglück auch tatsächlich und zum einzigen Mal auf meinem gesamten Camino komplett verlaufen habe. Es ist im wahrsten Sinne des Wortes wie verhext!

Mutterseelenallein stehe ich wie ein begossener Pudel hilflos im Nirgendwo. Auch mein Handy zeigt kein Netz und keinerlei Empfang an. Eine Orientierung per Internet oder App scheidet also ebenfalls aus. Zurückgehen zum Haus des Alchemisten kommt für mich unter keinen Umständen in Frage. Das einzige was ich weiß: Ich muss immer ungefähr nach Westen gehen. Ich orientiere mich am Stand der Sonne und entscheide mich deshalb für den nach rechts abgehenden Weg.

Zu Beginn ist die Straße noch okay, wenngleich hier niemand außer mir unterwegs ist und mir auch kein Auto begegnet. Dann wird der Asphalt brüchig, an einigen Stellen ist er quer über die gesamte Fahrbahn meterbreit aufgeplatzt, Wurzeln wuchern aus den Lücken heraus über die Straße, große Äste liegen kreuz und quer und es ist offensichtlich, dass diese Straße seit Langem nicht mehr in Benutzung ist. Dazu gibt es in der Umgebung keine Häuser mehr, alles scheint verlassen und unbewirtschaftet.

Schließlich hört der Weg gänzlich auf und ich gehe weiter quer feldein durch pure Wildnis.

Ich habe ein mulmiges Gefühl, aber was hilft es schon, ich muss weitergehen.

Unglaublich, wie schnell man in eine unangenehme Lage geraten kann. Was, wenn mein Wasservorrat zu Ende ist und ich keinen Ort und keinen Menschen finde?

Ich versuche, ruhig zu bleiben, einen Punkt am Horizont anzuvisieren und in gleichbleibendem Tempo weiterzugehen. Immer wieder ziehe ich mein Handy aus der Tasche und prüfe, ob es inzwischen nicht doch ein verfügbares Netz gibt. Auch in dieser Situation kommt mein altbewährtes Camino Rezept wieder zum Einsatz:

Atmen und gehen – atmen und gehen.

Und dann sehe ich weit vor mir etwas, das wie eine Straße aussieht. Ich steuere in Richtung des in weiter Ferne liegenden dunkelgrauen Streifens und richtig, meine Sinne haben mich nicht getäuscht!

Bald darauf liegt vor mir eine frisch geteerte, nagelneue, gut ausgebaute Straße. Halleluja! Sie muss gerade eben erst fertiggestellt worden sein. Es riecht stark nach Asphalt. Bis dieser ganz ausgehärtet ist, ist die Fahrbahn für Autos noch gesperrt. So kann ich mitten auf der noch unbefahrenen Straße gehen. Und jetzt zeigt mein Handy auch wieder ein Netz an. Ich kann mich mit dem Internet verbinden, kann meinen Standort bestimmen, sehe, dass Sarria vielleicht noch 3-4 Kilometer geradeaus vor mir liegt. Ich muss nur dieser Straße folgen, bis ich spätestens in Sarria den Camino wieder sicher unter beiden Füßen haben werde. Ich bin so erleichtert, kann es kaum in Worte fassen. Die ganze Situation hat vielleicht 1-2 Stunden gedauert, nicht länger, aber mir kommt es wie eine kleine Ewigkeit vor. Auf dem Weg in die Stadt grüble ich lange über das Erlebte nach, komme aber zu keinem befriedigenden Ergebnis. Und dann, kurz vor Sarria, finde ich tatsächlich wieder die gelbe Muschel auf blauem Grund. Ich bin zurück, zurück auf dem richtigen Weg!

Mit Sarria verbinde ich gemischte Gefühle. Einerseits markiert die Stadt die letzten gut 100 Kilometer bis Santiago. Endspurt also, letzte Tage, letzte Etappen, Zielgerade. Andererseits hört man viel davon, dass es Menschen gibt, die ihren Camino erst hier in Sarria beginnen und gerade mal die kurze Distanz von hier bis Santiago zu Fuß zurücklegen und dort frisch, ausgeruht und ohne größere körperliche Anstrengungen oder Entbehrungen ihre Pilgerurkunde in Empfang nehmen. Ihr restliches Leben erzählen sie dann bei jeder passenden und unpassenden Gelegenheit Beifall heischend mit stolz geschwellter Brust davon, den Jakobsweg gepilgert zu sein.

Ein weiteres Häkchen auf ihrer „101 Dinge, die du getan haben musst, bevor du stirbst" Liste. Denn das genau ist die Mindestanforderung an jeden

Pilger, der eine Urkunde in Santiago erhalten möchte: Der Nachweis, die letzten 100 Kilometer zu Fuß zurück gelegt zu haben. Wie in allen Lebensbereichen und Disziplinen gibt es deshalb auch beim Pilgern die ganz schlauen und vermeintlich klügsten Menschen: Warum sich abmühen und so dumm sein, sich mehr als 800 Kilometer quer durch Spanien hindurch zu quälen, wenn man es auch einfacher haben kann?

Man erkennt sie schon von weitem: Die Kleidung - wie frisch aus dem Sportfachgeschäft (ist sie in der Regel auch). Stylisches Top, farblich abgestimmte Markenklamotten und Atom-Wanderschuhe in glänzendem, feinstem Wildleder, an dem kein Stäubchen zu sehen ist. So gehen diese Menschen sorglos und gedankenlos den Weg entlang. Auf dem Rücken tragen sie – Sie ahnen es bereits – richtig, meistens nichts, da sie sich den Rucksack durch ein Servicemobil für die kurzen Tagesetappen von vielleicht 10–12 Kilometern von Luxusunterkunft zu Luxusunterkunft chauffieren lassen.

Oder sie tragen einen Minirucksack auf dem Rücken für ein Wasserfläschchen und eine Tüte Gummibärchen, denn der all-inclusive-Reiseanbieter sorgt mit 4 Sterne Menüs, allerhand kulinarischen Leckereien und Unterkünften mit Himmelbett und angeschlossenem Marmorbadezimmer für das Rundum-sorglos-Paket.

Es ist unschwer zu erraten. Ich habe nicht viel für diese Leute übrig und ja, ich gebe es uneingeschränkt zu, ich habe hier unüberwindbare Vorurteile, mag keinen Kontakt zu ihnen und bin froh, wenn ich sie weder sehe noch weiter mit ihnen zu tun habe. Meist kommt es aber eh nicht dazu, denn in der Regel rümpfen Schmalspurpilger, wie ich sie nenne (wenngleich man den „Pilger" getrost weglassen kann) meist abwertend die Nase, wenn sie echten Pilgern begegnen, die müde, schmutzig, müffelnd, abgeschafft, von mehr als 700 bereits zurückgelegten Kilometern sichtbar gezeichnet und mit großem Gepäck unterwegs sind.

Es sind die echten Pilger, an denen das Leben und der Weg unübersehbar seine Spuren hinterlassen hat. Die Blasen an Füßen notdürftig getapt, mancher mit weiteren Verbänden an Händen, Knie oder Kopf, mit Kratzern oder Abschürfungen an Armen und Beinen, mit Schuhen, an denen die Sohle mitunter schräg und ausgefranst aufklafft. Manchmal humpelnd oder, wenn die blasengeplagten Füße in gar keine Wanderschuhe mehr passen, barfuß in Badeschlappen wie auf Eiern gehend krumm daherkommend.

Es tut mir leid, aber zwischen den Sarria-Hochglanz-Pilgern und den echten Pilgern klafft eine tiefe Kluft, die auch mit bestem Willen nicht überbrückt werden kann – zu unterschiedlich ist der zurückgelegte Weg, zu viel hat der echte Pilger investiert, zu tiefgehend sind seine Erlebnisse, zu viel Herzblut und Tränen hat er auf dem Weg vergossen, zu intensiv war der Weg, den er bis hinein in sein Innerstes zurücklegen musste, zu schmerzhaft manche Selbsterkenntnis und Erinnerung - zu weit die aufgestoßenen Räume und Weiten des Pilgerhimmels.

Als ich durch die Straßen Sarrias schlendere, befürchte ich deshalb das Schlimmste. Aber der Ansturm der Möchte-Gern-Pilger bleibt aus. Im Gegenteil, die Stadt wirkt an den letzten Novembertagen beinahe wie ausgestorben. Die meisten Geschäfte sind geschlossen. Auch Bars und Restaurants sind nur spärlich geöffnet. Beinahe bin ich schon am Ortsende angelangt, da finde ich zum Glück noch eine geöffnete Bar, trinke ein Bier und bekomme Oliven dazu. Im TV hinter der Theke läuft irgendeine TV-Show, im Lokal nur das junge Paar, offensichtlich die Inhaber, und ich. Ich bin froh und dankbar für die Rast an einem Ort mit ganz normalen Menschen um mich her.

Die Erlebnisse des Tages haben mich weit fortgetragen von dem, was unseren Alltag bestimmt, was greifbar und real ist.

Ein englischer Pilger gesellt sich zu mir. Ich kenne ihn aus Triacastela. Wir unterhalten uns einige Zeit über die ganz gewöhnlichen Dinge des Caminos: Zurückgelegte und geplante Etappen, Gepäck und Schuhwerk. Ich hätte nicht gedacht, dass ich ein Gespräch über diese profanen Dinge jemals mit solchem Enthusiasmus führen würde wie heute. Aber alles Bodenständige, Greifbare, Einfache ist mir in diesem Moment äußerst willkommen.

Dann mache ich mich wieder auf, weiter Richtung Ferreiros, das immer noch mehr als 14 Kilometer entfernt vor mir liegt. Ich bin wieder allein auf weiter Flur, genieße die Landschaft, es ist warm, die Sonne scheint, so dass ich im T-Shirt pilgere. Mit einem Mal wird die Landschaft noch grüner, grasgrün, durchsetzt mit wunderbaren hochbejahrten Bäumen, halbhohen ergrauten verwitterten Steinmauern, die die Weiden und den Weg begrenzen. Es sieht aus wie auf der grünen Insel Irland und ich staune über die plötzliche Veränderung.

Der Camino Wegweiser am Wegesrand zeigt: Noch 110 Kilometer bis Santiago!

Und wieder weiß ich nicht, ob ich mich darüber freuen soll oder nicht. Ich halte an, nehme meinen Rucksack ab, lehne meine Stöcke gegen den Pfeiler, setze mich auf die Wiese, lehne mich gegen den steinernen Wegweiser und lasse meinen Blick die Umgebung erkunden. Die Aussicht ist weithin offen über die trotz der Jahreszeit saftigen Weiden und grünen Hügel. Beinahe künstlich wirkt die Szenerie - zu schön, zu perfekt, zu makellos und harmonisch scheint sie. Wie in einer Fantasiewelt, in der jeden Moment seltsame Paradieswesen auf den Hügeln auftauchen oder hinter den Bäumen und Hecken hervorlugen könnten. Immer mehr erinnert mich die Umgebung an Peter Pans Nimmerland. Unwillkürlich kommt mir einer meiner Lieblingsfilme in den Sinn:

„Wenn Träume fliegen lernen."

Im englischen Originaltitel lautet der Titel „Finding Neverland". In den Hauptrollen ein unbestechlicher Johnny Depp und eine fabelhafte Kate Winslet. Es ist die anrührende, in Teilen wahre Geschichte um den Theaterautor James Matthew Barrie, der trotz fantastischer Ideen nur mäßig erfolgreich ist, und der jungen Witwe Sylvia Davies mit ihren vier Söhnen.

Zufällig lernt Barrie die Familie kennen und verbringt fortan viel Zeit mit den Davies-Kindern, erfindet für sie Fantasiewelten mit allerhand sonderbaren, fantastischen Wesen und spielt die verrücktesten Spiele mit ihnen. Besonders den jungen, verschlossenen Peter, der zu Beginn an keine Fabelwesen oder Traumwelten glauben mag, hat er ins Herz geschlossen. Behutsam und geduldig weckt Barrie in Peter und seinen Brüdern eine blühende Fantasie und die Hoffnung darauf, dass Träume wahr werden können, wenn man nur fest und unumstößlich an sie glaubt. Die gemeinsame Zeit mit den Kindern inspiriert Barrie zu einem neuen Theaterstück und Peters Namen verwendet er schließlich für die Titelfigur des Stückes: Peter Pan! Es ist die Geburtsstunde eines Welterfolges.

Parallel zu den beginnenden Proben des Theterensembles erkrankt Sylvia, die Mutter der vier Jungen schwer. Während Barrie in den Proben von den Schauspielern für die Entstehungszeit des Stückes im Jahr 1904 äußerst ungewöhnliche Dinge verlangt – beispielsweise das Tragen von

Tierkostümen, über die Bühne zu fliegen oder mit Feen zu sprechen – wird Sylvias Zustand immer ernster.

Schließlich spielt das Ensemble das Theaterstück für die bereits sehr geschwächte Mutter der Jungen zuhause in ihrem Wohnzimmer mit Blick hinaus in den angrenzenden Garten. Mit der zauberhaften Aufführung nimmt Barrie Sylvia die Angst vor dem Schritt aus unserer sichtbaren Welt hinüber nach Nimmerland, dem Land der Feen und Elfen, der Wunder und des Wunderlichen, dem Land, in dem Unmögliches möglich wird. Und auch mit dem kurz darauf eintretenden Tod Sylvias bleibt den Jungen der feste Glaube an das paradiesische Nimmerland, in dem ihre Mutter nun weiterlebt, das nur einen kleinen Schritt entfernt ist und wohin man jederzeit in Gedanken hinübergleiten kann.

Während ich noch immer den Gedanken an den Film und seine Geschichte nachhänge, traben direkt vor mir anmutige Pferde mit wehender Mähne und kraftvollem, tänzelndem Gang über die Weide und ich bin mir sicher, zwischen den Bäumen und Sträuchern genau in diesem Moment einige Feen, Elfen, Indianer und Piraten zu entdecken. Im Bachlauf glitzern auch einige Meerjungfrauen auf, die pfeilschnell durch die Strömung flitzen. Hier gibt es alles, und alles ist möglich, wenn man nur fest genug daran glaubt.

Ich lächle, schließe die Augen und nehme meine Wünsche fest in beide Hände.

Während ich mit geschlossenen Augen dasitze lockert und entkrampft sich mein Körper mehr und mehr. Alle Anspannung, Anstrengung und Belastung fallen von mir ab. Eigentlich habe ich bereits hier, jetzt, in diesem Augenblick alles erreicht, bin tief in meinem Inneren schon vor der Ankunft in Santiago längst am Ziel meiner Pilgerreise angekommen.

In die Entspannung hinein werde ich müde. Müde vom Weg, von den Anstrengungen, vom Unterwegssein. Am liebsten möchte ich sitzen bleiben, ausatmen, zur Ruhe kommen, loslassen, Platz behalten und die Zügel aus der Hand geben. Es ist so verlockend, so reizvoll, scheint so einfach und naheliegend, den kleinen Schritt ins Wunderland zu wagen, oder zu warten, bis es mich ganz von selbst, ohne eigenes Zutun, aufnimmt, umfängt und ich ganz darin aufgehen darf. Wohlig warm scheint mir die Sonne ins Gesicht, während ich verweile, wie in einem geschützten, zeitlosen Zwischenraum.

Mein Blick wandert nach rechts den Weg entlang, wo der Camino nach Santiago führt und in diesem Moment geht ein Ruck durch meinen Körper und wie ein Blitz durchfährt es mich: Es geht nicht, ich kann nicht hierbleiben! Heute bin ich nur Gast in Nimmerland, ein Durchreisender ohne Bleiberecht. Vor mir liegt mein Weg, der noch zu gehen ist, der mir bestimmt ist. Damit Dinge wahr werden, muss ich weiter. Damit Träume Wirklichkeit werden, darf ich nicht aufgeben. Denn die

Geschichte ist noch nicht zu Ende, nicht hier und nicht heute. Es gibt noch einen Weg zu gehen und ich will weiter nach Santiago. Auch wenn ich es noch nicht sehen kann, so weiß ich doch, es liegt dort hinter den Hügeln, nur ein paar Tagesetappen entfernt wartet es auf meine Ankunft.

Wenige Häuser bilden die Ortschaft Ferreiros. Die öffentliche Herberge liegt außerhalb des Weilers einige Schritte neben einer Wegkreuzung. Wieder bin ich der einzige Gast in der sehr sauberen, 10 Stockbetten bietenden Unterkunft. Kein Mensch ist da. An der geschlossenen Anmeldung hängt ein Zettel mit einer Telefonnummer. Ich rufe an, radebreche auf Spanisch und verstehe so viel, dass die Spanierin am anderen Ende der Leitung in circa 1-2 Stunden vorbeikommt, um mir den Einweg-Bettbezug zu geben und die 5 Euro für die Übernachtung zu kassieren. Auch in Badezimmer, Küche und Aufenthaltsraum ist alles picobello. Ich lasse mir Zeit beim Duschen, im Badezimmer, beim Ausräumen meines Rucksacks und Ordnen meiner Sachen, genieße die Ruhe und komme nach diesem ereignisreichen Tag innerlich zur Ruhe.

Ich liege auf dem Bett oder sitze an einem der Tischchen, antworte auf einige Nachrichten von Freunden, schaue meine zahlreichen Camino-Fotos durch und lasse die vergangenen Tage und Wochen Revue passieren. Als ich gerade überlege, wo und was ich in dieser abgeschiedenen Gegend zu Abend essen werde, geht die Tür auf und ein strahlender

Stefano kommt hereingepoltert. Er hat sich nach einigen Stunden schließlich doch noch beim Alchemisten losgerissen und ist mir mit Siebenmeilenstiefeln hinterhergeeilt. Ich freue mich riesig, ihn zu sehen! Stolz präsentiert er mir einen glänzenden, sehr schönen schwarzen Stein, den er an einer Schnur um den Hals trägt. Er hat ihn beim Alchemisten gekauft. Der Stein habe, wie mir Stefano ausführlich erklärt, verschiedene Eigenschaften, die besonders gut zu Stefanos Charakter passen. Zum Glück habe ich zu den Ereignissen am Vormittag inzwischen genügend Abstand. So höre ich mir alles an, nicke verstehend und grinse.

Etwas später laufen wir gemeinsam in stockdunkler Nacht stolpernd einige hundert Meter die Straße hinunter, bis wir vor den hell erleuchteten Fenstern des Restaurants O Mirallos stehen. Das urige Lokal ist ein Familienbetrieb, in dem mindestens 3 Generationen Hand in Hand arbeiten. Kleine Kinder wuseln mit ihren Spielsachen unter den Tischen herum, am Tisch neben der Theke sitzt ein alter Großvater und die mittlere Generation verteilt sich auf Küche, Schanktisch und Gastraum. Auch ganz ohne weitere Gäste herrscht hier geschäftige Betriebsamkeit und Lebendigkeit.

Die Gastgeber verstecken ihre Freundlichkeit hinter einer eher ruppigen, rauen Art, was uns aber nicht weiter stört. Obwohl wir die einzigen Gäste sind, hat der Gastraum etwas Heimeliges, mit seinen funzeligen alten Leuchten, einem brennenden

Kerzchen auf dem Tisch, während draußen eine kalte Nacht der letzten Novembertage beginnt.

Über der Tür hängt ein Schild aus Holz in Form eines Telefons, darauf steht zu lesen:

„No tenemos Wi-Fi, hablen entre ustedes!"

Auf Deutsch: „Wir haben kein Wi-Fi, reden Sie miteinander!"

Und das tun wir auch. Wir bestellen das Pilgermenü mit galizischer Suppe, Brot, Steak, Chorizo Wurst, Pommes Frites, hausgemachtem Kuchen, dazu gibt es Bier, Wein, Wasser und Kaffee. Und dann reden wir – wir reden und reden – über die Ereignisse des Tages, über unser Leben, über Pläne und Persönliches, über Dinge, die uns beschäftigen, die uns Sorge bereiten. Es sind besondere Momente der Freundschaft, der Offenheit, des einander Naheseins, des sich Öffnens, sich vertrauensvoll Offenbarens, ohne die Sorge, enttäuscht zu werden.

Stefano erzählt mir von seiner Tante, der Zwillingsschwester seiner Mutter, die erst vor Kurzem schwer an Krebs erkrankt ist. In den letzten Wochen seit der Diagnose fand Stefano nicht den Mut, sie zu besuchen. Am heutigen Pilgertag fasste er den Entschluss, es sobald er wieder zuhause ist nachzuholen. Er hat ihr schon geschrieben, auf diesem Weg bereits wieder Kontakt aufgenommen. Die Gedanken und Sorgen um seine Tante berühren uns beide. Wir reden über Leben und Sterben, über wertvolle

Zeit, über geschenkte Zeit und die wirklich wichtigen Dinge des Lebens.

Als uns die Gastgeber des Restaurants schließlich unzweideutig zu verstehen geben, dass sie jetzt schließen, sind wir weder böse, noch kann das unsere besondere Stimmung trüben und wir stolpern fröhlich, glücklich und leicht angedudelt den Berg hinauf zurück zu unserer Unterkunft.

Tag 21, Donnerstag, 29. November

Ferreiros – Palas de Rei, 33 km
Gesamt 736 km

Ächzend und stöhnend quält sich die Jolly Rogers durch die tosende See. Mühsam kämpft sich das Piratenschiff den mächtigen Wellenkamm hinauf, um sich auf der anderen Seite todesmutig, einer Höllenfahrt gleich, in den gähnenden Abgrund des Wellentals zu stürzen.

Irre lachend, den gezückten Degen in der rechten Hand, steht Captain Hook am Steuerrad, das er mit dem Haken seiner Linken festhält - der Hand, die er im Gefecht mit Peter Pan einst verlor. Der Junge, der nie erwachsen werden wollte, hatte sie ihm im Duell genommen und einem mächtigen Krokodil in den Rachen geworfen. Grimmig mit finsterem Blick treibt er brüllend sein Schiff voran, mitten hinein in den sicheren Untergang.

Plötzlich schwingt an einem langen Seil, die undurchsichtige Regenwand durchbrechend, Peter Pan an Deck, und ein fürchterlicher Zweikampf auf Leben und Tod entbrennt zwischen den beiden Erzfeinden. Derweil wird das Prasseln des Regens immer stärker, es übertönt die Rufe der Kontrahenten und selbst das Klirren der Degen versinkt in der tosenden See und im Brausen des Sturms.

Das Bild verblasst, nur das Prasseln des Regens bleibt. Es ist dunkel und nur ganz langsam kommt es mir ins Bewusstsein, wo ich bin. Ich muss mich anstrengen, um die verklebten Augen zu öffnen. Dann sehe ich aus dem Fenster hinaus auf den strömenden Regen in der Morgendämmerung vor der öffentlichen Herberge Ferreiros.

Lange liege ich so da, lausche dem ohrenbetäubenden Lärm des Starkregens, der oben auf das Blechdach des Hauses hämmert und betrachte das Grau in Grau draußen auf der Straße, in den Bäumen und in den Wasserströmen, die wie Sturzbäche breit die Straße hinabfließen.

Wir zögern das Lospilgern mit einem langen Frühstück immer weiter hinaus, sitzen zu zweit im Aufenthaltsraum, ich schneide einen Apfel sorgfältig in Streifen, kaue jeden Bissen intensiv und ausdauernd, knabbere einen Müsliriegel, doch irgendwann sind die Vorräte aufgezehrt, unsere Rucksäcke ordentlich gepackt und mit Regenschutz überzogen und es bleibt nichts zu tun, als hinaus in den Regen zu gehen und weiter zu pilgern. Ich ziehe meinen Pilgerhut tief ins Gesicht, stülpe die Kapuze meiner Regenjacke noch darüber, ziehe das Genick ein und gehe in den Regen hinaus.

Es regnet durch bis zum Mittag und nach kurzer Zeit sind wir einmal wieder nass bis auf die Haut. Aber heute stört es mich nicht weiter. Manchmal braucht es eben auch den Regen. Irgendwann wird er aufhören und wir werden wieder trocknen.

Wir kommen am gepflegten Gemüsegarten eines schönen Steinhauses vorüber, von wo uns Riesenkürbisse prall und orange entgegenleuchten. An der Steinwand des Hauses ist ein hübsches, verziertes Keramikschild angebracht. In geschwungenen Buchstaben steht darauf mit blauer Schrift auf weißem Grund zu lesen:

„Tenda Peter Pank"

Ich bleibe mit offenem Mund stehen, bin sprachlos. Tenda Peter Pank – Das Haus Peter Pans, des spanischen Peter Pans! Ich kann es nicht fassen. Das ist jetzt nicht möglich, oder träume ich vielleicht? Einfach komplett verrückt.

Ich wusste es! Wir sind in Nimmerland! Es stimmt also. Und wenn ich ganz, ganz fest an die Erfüllung meiner Sehnsüchte glaube, dann...

Von innerer Gewissheit erfüllt lächle ich im Weitergehen leise in mich hinein.

In Portomarin flüchten wir uns vor dem Regen in eine Bar und treffen einen Pilger, der den Camino del Norte – den Küstenweg nach Santiago bereits zurückgelegt hat und nun den Camino Francés von Santiago rückwärtsgeht, zurück nach Hause nach Montpellier in Frankreich. Und dann wird es wieder spannend und wir erfahren einmal mehr, wie klein die Welt ist und wie sich Dinge manches Mal wie Teile eines Mosaiks Stück für Stück zusammenfügen: Er berichtet uns, dass er die letzten Tage in einem Camino Forum im Internet den Hilferuf einer amerikanischen Mutter las, die seit mehr als 2 Wochen kein Lebenszeichen ihrer auf dem Camino pilgernden Tochter Zoe erhielt. Ihre Spur verlor sich irgendwo zwischen Triacastela und Sarria.

Stefano und ich schauen uns vielsagend an: Zoe! Die junge Frau gestern beim Alchemisten, das war Zoe, ein US-amerikanisches Mädchen, das dort bereits mehr als 2 Wochen verbrachte. Das konnte kein Zufall sein! Das musste die verschwundene Tochter sein!

Als unser neuer Pilgerfreund davon erfährt, beschließt er sofort, auf seinem Weg beim Alchemisten Halt zu machen und Zoe tüchtig die Meinung zu sagen und den Kopf zu waschen, so dass ihre Mutter möglichst bald wieder ein Lebenszeichen ihrer Tochter erhält.

Anschließend verrät er uns noch ein Jakobsweg-Insider-Geheimnis: Eigentlich spreche man nicht darüber, doch es sei so, dass jeweils die 10 ersten Pilger eines jeden Tages beim Empfang ihrer Urkunde im Pilgerbüro von Santiago zusätzlich einen Essensgutschein für ein Mittagsmenu im Paradores erhalten. Dazu muss man wissen, dass nur ausgewählte, hervorragende Hotel-Restaurants Spaniens den Titel Paradores führen dürfen. Es ist das in Staatseigentum befindliche Unternehmen Paradores de Turismo de España, das in ganz Spanien in historisch besonders bedeutsamen Städten und herausragenden Orten komfortable, stilvolle Fünf-Sterne-Hotels mit gehobenem Gastronomiebetrieb unterhält. Oftmals findet man sie in historischen Gebäuden oder in großartiger Landschaftslage. Weitere Paradores findet man zum Beispiel in León, Córdoba, Ávila, Toledo und Granada.

Auch in Santiago de Compostela ist das Parado-res das beste Hotel-Restaurant am Ort und liegt ge-nau neben der Kathedrale. Es lohne sich also, mög-lichst früh am Morgen beim Öffnen des Pilgerbüros schon vor der Tür zu stehen und so vielleicht in den Genuss dieses kostenlosen Gaumenschmauses zu kommen.

Am Nachmittag klart der Himmel auf, die Sonne kommt hervor, und nach und nach trocknet unsere Kleidung und unser Hab und Gut.

Palas de Rei heißt das Städtchen, in dem wir in der Albergue De Peregrinos De Palas De Rei mitten im Zentrum unterkommen. Trotz kärglich ausge-statteter Küche kochen wir uns den leckersten Ge-müseeintopf aller Zeiten mit Zwiebeln, Karotten, Zucchini, Champignons und Kartoffeln. Und natür-lich gibt es zum Essen Wein, Bier, Wasser, etwas Käse und Oliven – was auch sonst?

In der Herberge treffen wir nochmals auf Pilger aus allen Erdteilen, von Brasilien bis Korea, von Russland bis Irland, und mit vielen von ihnen teilen wir Geschichten, Erfahrungen, Tipps, Proviant, Handyladekabel, Geschirr, Pflaster, Salben – alles, was man als Pilger eben so tut, wenn man auf Pilger trifft.

Tag 22, Freitag, 30. November

Palas de Rei – Santa Irene, 46 km
Gesamt 782 km, vorletzte Etappe

Erstes Ziel des heutigen Tages ist die knapp 15 Kilometer entfernte Stadt Melide. Sie ist bekannt als Mekka des Tintenfisches, auf Spanisch „Pulpo".

Als Pilger sollte man diesen in der weithin bekannten und legendären Pulperia Ezequiel essen, einer rustikalen, volkstümlichen Gaststätte. Als wir am späten Vormittag eintreffen, steht der Riesentopf bis an den Rand gefüllt mit kochendem Tintenfisch bereits auf dem offenen Feuer. Da wir zu so früher Stunde die einzigen Gäste sind, haben wir freie Platzwahl an einem der langen massiven Holzbänke.

Serviert wird der gut gewürzte Tintenfisch auf Holztellern. Dazu gibt es Brot und man trinkt neuen Wein. Es schmeckt köstlich und wir genießen das frühe Mittagessen des Tages.

In den meisten anderen Orten der heute durchpilgerten Strecke sind Bars, Herbergen und Geschäfte geschlossen. Die Menschen scheinen sich bereits auf die Wintermonate eingestimmt zu haben und rechnen kaum mehr mit Pilgern des Jakobsweges, oder erachten das wenige Geschäft nicht als lohnend. Weitere Pausen und Stärkungen auf dem Weg also eher Fehlanzeige. Stefano und ich pilgern und pilgern. Wir teilen letzte Reserven wie Thunfischsandwich, Sardinen, Brot, Whiskey und Schokoreste. So geht es weiter und weiter.

Auch sonst zeigt uns der Camino heute noch einmal, wer er ist, was er kann und dass er Herr des Geschehens ist und mit uns macht, was er will. Es gibt Regen bis alles durch und durch nass ist. Der Weg führt über Hügel steil nach oben und noch steiler wieder hinab, erst ein Hügel, dann ein weiterer, und noch einer. Wir hören auf zu zählen. Ich spüre nur noch Schmerz in beiden Beinen. Dann kommt die Sonne hervor, trocknet uns die ersten Minuten scheinbar freundlich und zugewandt, doch dann richtet sie ihre Strahlen wie ein Brennglas auf uns und wir sind völlig durchgeschwitzt. Steigungen, Gefälle, Regen und Sonne, Hitze und Kälte, heute ist alles dabei, komprimiert auf wenige Stunden Wegs.

Es ist, wie wenn der riesige Camino Grizzly-Bär sich schüttelt und wir uns wie winzig kleine, unbedeutende Filzläuse in seinem Fell versuchen festzuklammern und vorwärts zu robben Richtung Ziel, Richtung Santiago. Er scheint uns nochmals unzweideutig klar zu machen, dass wir nichts und niemand sind, dass wir allein aus seinem Wohlwollen heraus existieren, nur sind, weil er uns duldet, und sobald er nur mit den Ohren wackelt, für uns die ganze Welt ins Wanken gerät. Am Nachmittag habe ich die Lektion verstanden und es wäre endlich genug.

Doch jede Herberge, die wir anlaufen, ist geschlossen. So fügt sich Kilometer an Kilometer, bis wir schließlich völlig erschöpft und bei absoluter Dunkelheit die öffentliche Herberge von Santa Irene erreichen. Wir sind am Ende, komplett am Ende. So wird diese vorletzte Etappe mit 46 Kilometern zur längsten Etappe meines gesamten Caminos.

Ich dusche, falle ins Bett und massiere beide Beine mit Anetas Schmerzsalbe ein. Sofort danach beginnt es in meinen Beinen zu kribbeln und heiß zu werden und einige Minuten später ist der Schmerz betäubt, während ich möglichst bewegungslos flach auf dem Rücken liege. Wir hatten heute im Lauf des Tages einige Male hin und hergeschrieben. Aneta ist zwischenzeitlich wieder zuhause in Irland angekommen. Marc, ihr Verlobter, empfing sie mit einem großen Blumenstrauß und war einfach nur heilfroh, Aneta wieder einigermaßen gesund und unversehrt zurück zu haben. Nach dem kommenden Wochenende darf sie gleich am Montag wieder zu ihrer stressigen Arbeit in einem Lebensmitteldiscounter, dessen Filialen es in Irland genauso wie bei uns in Deutschland gibt. Bei uns sind seine Filialen in „Nord" und „Süd" aufgeteilt. Aneta muntert mich mit anerkennenden Worten zu unserer heutigen Mammut-Etappe auf. Ich lächle, freue mich über ihr Lob, schlucke eine Ibuprofen-Tablette und versuche zu schlafen.

Tag 23, Samstag, 01. Dezember

Santa Irene – Santiago de Compostela 24 km
Gesamt 806 km, letzte Etappe

Erst am nächsten Morgen kommt es mir so richtig ins Bewusstsein, dass heute nun mit gerade einmal 24 Kilometern die letzte Etappe meines Pilgerweges vor mir liegt. Es ist ein komisches, seltsames Gefühl, weit weg von Euphorie oder Vorfreude.

Und so beginnt dann auch das letzte Teilstück: Unspektakulär, regnerisch und ohne Frühstück geht es los zu dieser letzten Wegstrecke. Still sind wir, Stefano und ich. Anstrengend ist der Tag, trotz der kurzen Etappe. Vor Santiago werden wir langsamer, zögern die Ankunft hinaus. Wir kehren in einem Café ein. Wie wird es sein, das Ankommen? Was kommt dann, wenn wir da sind, vor der Kathedrale stehen? Was kommt danach? Wer sind wir, wenn wir keine Pilger mehr sind? Was haben wir auf dem Weg in unser Reisegepäck gepackt?

So vieles treibt mich um. Ich spüre einerseits den Reichtum des Erlebten, der zurückgelegten Strecke, der Begegnungen, des gelungenen Weges, andererseits durchzieht mich Unsicherheit im Blick nach vorn.

Dann ist es soweit. Um 13 Uhr pilgern wir durch die Straßen der Altstadt Santiago de Compostelas. Ein Dudelsackspieler begrüßt uns mit seiner Musik und der Text eines alten Kirchenliedes kommt mir in den Sinn. Carl Johann Philipp Spitta dichtet dort so poetisch:

„Wie wird uns sein, wenn endlich nach dem schweren, doch nach dem letzten ausgekämpften Streit, wir aus der Fremde in die Heimat kehren, und einziehn in das Tor der Ewigkeit! Wenn wir den letzten Staub von unsern Füßen, den letzten Schweiß vom Angesicht gewischt, und in der Nähe sehen und begrüßen, was oft den Mut im Pilgertal erfrischt."

Während ich gedanklich durch das Lied gehe, biegen wir auf den großen Platz vor der Kathedrale. Und da ist sie, die Kathedrale von Santiago de Compostela mit dem Grab des Apostel Jakobus, das Ziel unserer Pilgerreise und wir stehen hier, sprachlos, stumm. Der Moment ist nicht zu beschreiben. Bewegungslos blicke ich auf das Bauwerk, gehe auf und ab, meine Augen sehen alles um mich her, nehmen alles wahr, die Menschen, einige Pilger, den weitläufigen Platz, die Gebäude, den leichten Nieselregen und doch dauert es, bis das Gesehene in mein Bewusstsein einsickert, in meinem Inneren ankommt:

Ich bin angekommen. Ich bin in Santiago de Compostela angekommen, habe ganz Spanien von Ost nach West zu Fuß durchquert.

Es ist, wie wenn ich nur scheibchenweise am Ziel eintreffe. Zuerst tritt mein Körper auf den Plan, sieht sich nüchtern alles an, stellt emotionslos fest, dass dies hier Santiago, das Ende meiner Wallfahrt ist. Es ist wie die Vorhut, die vorsichtig prüft, ob der wertvollere, verletzlichere Teil von mir gefahrlos nachkommen kann. Nachdem die Lage sicher scheint, gesellt sich mein Geist hinzu und mein Verstand beginnt das, was meine Augen bereits gesehen und meine Füße betreten haben aufzuarbeiten und in einen logischen Zusammenhang zu stellen. Und schließlich, nachdem beide – Körper und Geist – die Situation erfasst haben, kommt auch meine Seele nach. Langsam, ganz langsam, verletzlich und vorsichtig tastet sie sich vor, bevor sie von einer Welle der Emotionen unaufhaltsam mitgerissen wird. Sie bricht über mich herein, während ich dastehe, einfach nur regungslos dastehe und mir die Tränen übers Gesicht laufen.

Der Wert des Augenblicks erschließt sich allein aus dem zurückgelegten Weg der letzten 23 Tage, aus seinen Höhen und Tiefen, seinen Begegnungen, aus Hoffen und Bangen, aus Zuversicht und Sorge, aus Verlust und geschenktem Glauben, aus Lachen und Weinen, aus Reden und Schweigen, aus dem gegangenen Weg ohne Aufgeben. Es ist wie das Leben. Es erhält seinen Sinn und seinen Wert durch die gegangene, zurückgelegte Strecke und die Begegnungen mit Gott und den Menschen, und die schwersten Abschnitte und Momente darin sind das, was am Ende dem erreichten Ziel erst zu seinem mit nichts zu bezahlenden Wert verhilft und ihm letztlich die Krone aufsetzt. Für kein Geld der Welt würde man irgendetwas davon wieder hergeben, von dem was man geschafft, bewältigt hat. Es ist die ganz eigene, persönliche Geschichte, und man trägt die Blessuren mit Stolz und Würde.

Ich trete durch das Portal hinein in die mächtige Säulenhalle des Kirchenschiffes der Kathedrale. Es ist egal, wie viele Menschen sonst noch hier sind. Es ist mein persönlicher Moment, der Augenblick ganz allein für mich. Ich berühre die Steine, Säulen, beinahe zärtlich gleiten meine Finger über das Mauerwerk, gehe die Gänge der Kirchenschiffe entlang, nehme Platz und schließe die Augen. Es ist geschafft. Es ist wirklich geschafft. Und wieder, immer wieder durchzieht mich der Gedanke: Ich bin angekommen, angekommen am Ziel meiner Pilgerreise. Die letzte Strophe des alten Kirchenliedes ist plötzlich präsent:

„Wie wird uns sein? O, was kein Aug gesehen, kein Ohr gehört, kein Menschensinn empfand, das wird uns werden, wird an uns geschehen, wenn wir hineinziehn ins gelobte Land. Wohlan, den steilen Pfad hinangeklommen! Es ist der Mühe und des Schweißes wert, dahin zu eilen und dort anzukommen, wo mehr, als wir verstehn, der Herr beschert."

Auf einem Aushang sind die Zeiten der Pilgermessen abgedruckt. Ich denke, ich werde zuerst die Herberge aufsuchen, mich frisch machen, etwas erholen und dann die Messe am Abend besuchen. Als

Stefano und ich aus der Kathedrale treten, treffen wir auf eine Handvoll Pilger, darunter ein Pärchen aus Russland und ein Deutscher. Wir unterhalten uns in netter Runde, da höre ich hinter mir plötzlich ein sehr bekanntes „Huhu!". Ich drehe mich um und traue meinen Augen kaum: Vor mir steht Ursula, unsere 76-jährige Weggefährtin, die mit einigen Abkürzungen und Autofahrten beinahe zeitgleich mit uns in Santiago eingetroffen ist!

Im zentral gelegenen Hostel „Last stamp", letzter Stempel, das nur einige Querstraßen von der Kathedrale entfernt liegt, checke ich in meiner letzten Pilgerherberge ein und erhalte tatsächlich den letzten Stempel in meinem Pilgerpass. Mit 15,- EUR pro Übernachtung ist dies für Santiago eine wirklich günstige und doch sehr schöne Herberge.

Stefano und ich gehen in die Markthallen zum Einkauf. Frisches Gemüse mit Paprika, Zwiebeln, Tomaten, sowie leckeren Käse, Wein, Orangen, Bananen, Eier – alles, was man zu einer gebührenden Siegesfeier braucht!

Dann waschen wir Wäsche – alles, wirklich alles wandert noch ein letztes Mal in die Waschmaschine, und solange die Maschine läuft ist es wieder Zeit für meine schwarze lange Unterhose.

Stefano kocht und zaubert eine wunderbare Fritatta und aus den anderen Zutaten kreieren wir leckerste Nudeln und genießen ein herrliches Mahl mit Obst als Nachtisch. Ich ruhe in meinem Bett noch etwas aus, schlafe ein Stündchen und dann gehe ich los und schlendere durch die Stadt – ohne Rucksack, allein, wie ein Tourist. Überall leuchtet mir schon Adventsdekoration entgegen und die Straßen sind wunderschön geschmückt. Die Dunkelheit senkt sich über alles herab und ich betrachte die reich dekorierten Schaufenster und eine weihnachtlich stille Vorfreude kehrt bei mir ein.

Um 19.30 Uhr finde ich mich zur Pilgermesse in der Kathedrale ein. Täglich werden 4 Pilgermessen gehalten, in denen auch Pilger für Lesungen eingebunden werden. Auch Stefano macht eine der Lesungen. Zwischen den Predigtteilen und den Lesungen gibt es viel Gesang. Meist beginnt eine Vorsängerin oder ein Vorsänger und die Gemeinde fällt in die Wiederholung des Refrains ein. Der Gesang hallt durch das Hauptschiff und in die hohen Seitenschiffe hinein und das gesamte Gebäude ist von wunderbarer Musik erfüllt. In der heutigen Pilgermesse singt eine Solistin das bekannte Panis Angelicus des Komponisten César Franck zur Orgelbegleitung. Und noch einmal öffnet der Himmel in diesen Momenten einen Spalt weit sein Tor für mich.

Mein Blick geht nochmals zurück zu allem Erlebten, zurück zum gegangenen Weg. Dankbarkeit und Wehmut erfassen mich beim Gedanken an meine großartigen Weggefährten, beim Gedanken an Diego, den ersten Engel meines Caminos, an Adam, Andrius, *Frank*, beim Gedanken an meine treuen Begleiter und gefundenen Freunde Aneta und Stefano und ich schicke ein Dankgebet nach oben für jeden einzelnen von ihnen. Möge Gott sie beschützen und segnen.

Oscar Garcia Diegos Bild steht vor mir, das Cruz de Ferro mit seinen zahllosen Steinen der Erinnerung, des Leids, der Hoffnung und des Mutes. Erneut stehen von der Sonne beschienene, schneebedeckte Berge vor mir und ein weit darunter liegendes Wolkenmeer. Ich danke meinen Füßen dafür, dass sie mich unermüdlich getragen haben, mich nicht im Stich ließen. Stille Demut und Dankbarkeit erfüllt mich. Dankbarkeit für meine Familie, für meine Freunde, für das Leben und meinen Weg.

Am Ende der Messe werden die Namen und Nationalitäten der heute angekommenen Pilger verlesen.

Still und friedevoll gehe ich anschließend durch die beleuchteten Gassen des nächtlichen Santiagos zurück zu meiner Unterkunft, kuschele mich unter die frisch duftende Bettdecke, habe hier sogar ein richtiges Kopfkissen und strahlend weiße, gestärkte Überzüge.

Während ich daliege und auf den Schlaf warte, denke ich an den morgigen Tag. Morgen früh wartet auf mich der letzte hochoffizielle Akt meines Pilgerlebens: Die Entgegennahme meiner Pilgerurkunde, der Compostela, im Pilgerbüro, das von meiner Unterkunft aus nur einige hundert Meter entfernt in einer Seitenstraße nahe der Kathedrale liegt. Mit Sicherheit die kürzeste Etappe meines gesamten Weges, aber vielleicht nicht die leichteste.

Sonntag 02. bis Dienstag, 04. Dezember

Santiago de Compostela

Ich schlage die Augen auf. Es ist der 1. Advent. Beginn der Erwartungszeit, des Wartens auf Weihnachten, das Fest der Liebe.

Ich schaue aus dem Fenster hinab in die Gassen des gerade erwachenden Santiagos. Bereits um 8.30 Uhr stehen wir vor dem Pilgerbüro, das um 9 Uhr seine Türen für die Pilger öffnet. Ich stehe am Schalter eines freundlichen Beamten und lege meinen Pilgerausweis vorsichtig und bedächtig vor ihm auf den Tisch. Er nimmt ihn, blättert darin, betrachtet die Stempel der Herbergen, Bars und Kirchen mit dem jeweils vermerkten Datum meiner Anwesenheit. Es ist der Beweis meiner abgelegten Pilgerreise und er prüft die Eintragungen sorgfältig ohne Hast und Eile. Dann fragt er nach dem Grund meiner Pilgerreise, ob ich mich aus religiösen oder aus anderen Gründen auf den Weg gemacht habe.

Bei den religiösen Gründen nicke ich zustimmend. Einen Augenblick betrachtet er mich nachdenklich. Dann lächelt er, nimmt mit beiden Händen eine Urkunde von dem auf seinem Tisch liegenden Stapel, öffnet den Füllfederhalter und setzt meinen Namen schwungvoll in den dafür vorgesehenen Bereich in der Mitte des Dokumentes. Ganz unten auf der Seite ergänzt er das aktuelle Datum, drückt kraftvoll und energisch den Stempel auf und überreicht mir, verbunden mit einem Glückwunsch und breitem Lachen, meine Compostela.

Mit leicht zitternden Händen halte ich sie in der Hand, betrachte den in lateinischer Schrift aufgedruckten Text und die bunten Verzierungen am Rand. In der Mitte prangt groß und in alter, schnörkeliger Schrift mein handschriftlich ergänzter Name – auch er auf Latein: Marcum Sieger.

Jetzt schiebt mir der nette Beamte noch einen Gutschein über den Tisch. Darauf steht zu lesen:

"Restaurante Enxebre – Almuerzo / Lunch, Hora 13.00, Día 2/12.

Peregrino. Bienvenido a Santiago. Has reccorido un largo camino y siguiendo la tradición centenaria de esta institución, te ofrecemos este almuerzo."

Heureka! Ich schaue rüber zu Stefano am Tisch nebenan. Auch er hält mit strahlendem Lachen einen Gutschein in seiner Hand. Wir haben es geschafft! Wir sind unter den 10 ersten Pilgern des Tages und dürfen heute um 13 Uhr zum Mittagessen ins Restaurant Enxebre, dem vornehmen, feinen Restaurant, das zum stattlichen und feudalen Hotel Paradores gehört. Wir freuen uns wie kleine Kinder. Nicht ohne Stolz betrachte ich abwechselnd den Gutschein und meine Compostela, rolle beides schließlich sorgfältig zusammen und verstaue es in der sicheren, kunstvoll bedruckten zylinderförmigen Dokumentenhülle aus fester Pappe.

Anschließend geht es mit Stefano zum Frühstück ins Café neben der Markthalle. Wir sitzen uns gegenüber, trinken Kaffee, Orangensaft, essen Croissants und Brötchen und breiten nochmals unsere Pilgerausweise auf dem Tisch zwischen uns aus, betrachten jeden einzelnen Stempel und erinnern uns gemeinsam an die damit verbundenen Erlebnisse.

Stefano hat seinen gepackten Rucksack schon dabei. Er hat am Morgen bereits in der Herberge ausgecheckt und wird direkt nach dem Mittagessen weiterziehen. Ihn treibt es weiter nach Finisterre. Es sind die letzten gemeinsamen Augenblicke mit meinem großartigen Pilgerfreund, bevor wir uns pünktlich um 13 Uhr zusammen mit allen 10 Pilgern am Enxebre einfinden.

Die große Tafel ist mit weißem Tischtuch, Geschirr, Gläsern und Stoffservietten wunderschön eingedeckt und alle nehmen wir andächtig Platz.

Mehrere Bedienungen eilen herbei, stellen eifrig Karaffen mit Wasser und Wein auf den Tisch. Es folgen Körbchen mit frischen Weißbrotscheiben, dazu kleine Gläschen mit einer Art Frischkäsezubereitung. Als Aperitif wird ein Glas Sekt mit Cassis serviert, gefolgt vom 1. Gang, einer spanischen Eintopfsuppe, der „sopa de cocido". Der Hauptgang ist dann mit „Codillo de cerdo" – auf Deutsch Eisbein oder auch gekochte Schweinshaxe – äußerst deftige Hausmannskost. Doch als echte Pilger gilt auch hier: Augen zu und durch. Auf dem hübsch angerichteten Teller finden sich neben dem etwas unheimlich aussehenden Eisbein Kartoffeln, Kraut und ein Hähnchenschlegel. Nicht für alle Pilger ist der Hauptgang das, was sie auf ihren Wunschzettel geschrieben hätten, doch alle gemeinsam machen wir dies mit umso ausgelassenerer Stimmung, laut erzählten Witzen, Lachsalven, die den gesamten Gewölbekeller erzittern lassen und großem Gläserklirren wieder wett. Wohl nicht ohne Grund wurden wir in einer separaten Ecke des weitläufigen Lokals in ausreichender Entfernung zu den anderen, durch die Bank sehr vornehm gekleideten Gästen, platziert.

Wir genießen noch einmal Gemeinschaft, haben zusammen so viel Spaß, reden und lachen, erzählen, essen und trinken, es ist ein durchweg würdiger Abschluss unseres Pilgerwegs. Der Nachtisch mit einer Variation an verschiedenen Kuchenstückchen auf Schokosauce versöhnt dann auch die Eisbeingegner unter uns und mit dem letzten Schluck aus den zahlreichen Weinkaraffen schließt auch der letzte der anwesenden Pilger leicht beschwipst Frieden mit dem Menu.

Ja, und dann ist es Zeit für den Abschied von Stefano. Er macht sich auf den restlichen Weg ans Ende der Welt. Wir ziehen es nicht in die Länge, ein kurzes Drücken, ein Schulterklopfen, ein Blick in die Augen.

„Ciao amico mio, mein Freund und Wegbegleiter, mein Beistand und Mutmacher – wir sehen uns bald wieder!"

Einen Moment sehe ich ihm hinterher, wie der große, schlaksige Lockenschopf mit kräftigen, langen Schritten die Straße hinuntergeht, dann wende ich meinen Blick auf die Kathedrale vor mir und gehe in Richtung meiner Herberge die Gasse entlang. Und wieder verabschiede ich mich ein Stückchen aus meinem Pilgerleben.

In den beiden Folgetagen besuche ich noch zwei weitere Pilgermessen in der Kathedrale, genieße die Musik, die Atmosphäre, die Liturgie.

Der Botafumeiro, das 1,6 Meter große mit Weihrauch gefüllte Silberfass schwingt an einem von sechs Mönchen in Schwung gebrachten langen Seil frei quer durch das Hauptschiff. Ein beeindruckendes Schauspiel. Nur wenige Pilger kommen im Dezember noch in Santiago an und die Schar an Touristen in der Stadt ist überschaubar. Eine gewisse Ruhe, Stille und Gelassenheit liegt auf der Stadt.

Draußen regnet es derweil ununterbrochen in Strömen. Trotzdem schlendere ich durch die Straßen der Altstadt, verbringe Zeit in Cafés und Bars, blättere in meinem Reisetagebuch, schreibe mit einigen Pilgerfreunden und bereite mich auf den Heimflug vor.

Aneta schickt mir ein Foto von sich und ihrem Verlobten Marc. Die beiden sitzen zuhause in ihrem irischen Häuschen und grinsen in die Kamera. Auf weiteren Bildern holt sie frisch gebackene Plätzchen

aus dem Ofen und stellt sie auf einen adventlich dekorierten Tisch, auf dem bereits eine Kerze brennt.

Stefano schickt mir Fotos vom Cap Finisterre nur
mit einer Badehose bekleidet, wie er bei unterge-
hender Sonne aus dem eiskalten Atlantik steigt. Natürlich hat er die Strecke von Santiago ans Meer
trotz Dauerregens in Rekordzeit heruntergespult.
Vielleicht bleibt er noch einige Tage dort, bevor er
seine Heimreise ins Piemont nach Italien wieder an-
tritt.

Von zuhause erreichen mich inzwischen verschiedene Alltagsthemen aus dem ganz normalen
Leben. Unser alter Peugeot ist kaputt und hat es gerade noch bis zur Werkstatt geschafft. Eine Repara-
tur lohnt sich wohl nicht mehr. Wir müssen also ein
neues Auto kaufen. Die Zentralheizung unseres
Hauses hat Aussetzer - auch hier gibt es dringend
notwendige Reparaturen, bevor es die nächsten
Wochen richtig kalt wird. In der Familie gibt es
Krankheitsthemen und Arztbesuche stehen an. Einige Musikprojekte müssen in den nächsten Tagen
ebenfalls organisiert werden und auch Job und Arbeit melden sich mit Aufgaben und Dringlichkeiten
zurück. Ich nehme alles zur Kenntnis und bleibe
dennoch ruhig und gelassen, fühle mich stark und
bereit für neue Herausforderungen. Sie belasten
mich nicht, die Alltagssorgen, denen ich mich nun
wieder stellen muss und all das, was in meinem
normalen Leben außerhalb des Caminos liegt und
auf mich wartet.

Es wird für alles einen Weg geben. Das weiß ich.

Und es ist gut, endlich wieder nach Hause zu gehen, es ist Zeit, zu meiner Familie heimzukehren und auch die sonstigen Aufgaben und meinen Platz wieder auszufüllen. Wie gut, dass es Menschen gibt, die auf mich warten.

Am Dienstag, den 04. Dezember stehe ich zeitig auf und nehme genau wie von Aneta empfohlen den öffentlichen Bus aus dem Zentrum Santiagos zum Flughafen. Von dort fliege ich nach Mallorca und von hier weiter nach Stuttgart, wo ich am Abend glücklich und wohlbehalten zuhause bei meiner Familie eintreffe.

Einen Tag später, am 5. Dezember erreicht mich die Trauernachricht, dass Stefanos Tante an diesem Morgen überraschend verstorben ist. Ihr Gesundheitszustand hatte sich ganz plötzlich akut verschlechtert und sie ist innerhalb weniger Tage verstorben. Stefano begibt sich gleich heute auf die Heimreise zurück zu seiner Familie. Als ich die Nachricht lese, sitze ich einige Augenblicke regungslos vor meinem Smartphone und denke an unseren Abend in Ferreiros, wo wir so viel über Stefanos Tante gesprochen haben. Dann stehe ich auf, gehe hinüber zum Klavier und mache eine Aufnahme des Stückes „Here comes the sun" von den Beatles, singe dazu und schicke Stefano die Audiodatei.

Freundschaft heißt, nicht nur die sonnigen Tage miteinander zu teilen, sondern auch ein Stück an der Seite eines Freundes gemeinsam durch den Regen zu gehen...

Heute, Dezember 2020

Zuhause

Mein Pilgerweg nach Santiago de Compostela liegt nun zwei Jahre zurück. Natürlich hat mich der Alltag nach meiner Rückkehr zuhause schnell wieder eingeholt und die üblichen Aufgaben nahmen mich wieder in Beschlag. Doch vieles von dem, was ich erlebt habe, blieb und begleitet mich seitdem durch die Zeit. Und noch immer vergeht kaum ein Tag ohne einen Gedanken an meinen Pilgerweg.

Wenn Probleme aufkommen, es schwierig wird, oder ich mitunter vielleicht sogar kaum einen Sinn oder Weg erkenne, dann heißt es einfach „Weitergehen, nicht aufgeben, es bleibt nicht so". Der Camino hat mich vieles gelehrt, mir manche Lektion erteilt, mich auch auf den Weg zu einer neuen, veränderten Gottesbeziehung gebracht. Auch das Vertrauen in mich selbst, in das, was ich schaffen kann und in die richtigen Fügungen ist gewachsen. Vieles kann gelingen, egal wie schwierig oder unerreichbar es auch scheint. Man muss dranbleiben, nicht allzu viel auf Meinungen anderer geben, seinen eigenen Weg suchen und unbeirrt gehen – selbst, wenn die Lage aussichtslos scheint. Manchmal sind die Dinge anders, als sie sich darstellen. Und doch ist mir auch klar geworden, wie wichtig und unverzichtbar gute Begleiter und Weggefährten sind.

Aneta war in der Zwischenzeit bereits ein weiteres Mal pilgern und hat vor vier Monaten ihren Sohn Matthew zur Welt gebracht. Von zahlreichen geschickten Fotos lachen mir eine sehr stolze Aneta und ihr mindestens ebenso stolzer Mann Marc entgegen. In der Mitte zwischen den beiden thront zufrieden, satt, grinsend und wohl behütet Baby Matthew. Aneta plant bereits den ersten Pilgertrip mit Mann Marc und Sohn Matthew – die Verrückte! Ich werde dem Baby wohl doppellagige Wandersocken schicken müssen.

Auch mit Stefano habe ich engen Kontakt. Wir sind gute Freunde geblieben – trotz der Entfernung und des Altersunterschiedes. Er hat uns inzwischen hier in Deutschland besucht und auch bei einem Urlaub in der Toskana haben wir uns für einige Tage getroffen. Noch immer tourt er mit reichen Amerikanern durch die schönsten Gegenden Europas. Darüber hinaus stand zwischenzeitlich sogar Skifahren auf japanischen Vulkangletschern und Radeln durch norwegische Fjorde auf seinem Reiseprogramm.

Wenn ich an Stefano und Aneta denke, erfüllt mich große Dankbarkeit für diese wertvollen Freunde, und auch ein bisschen Stolz über die gemeinsam erlebten Abenteuer.

Man muss die Chancen und Gelegenheiten ergreifen, die einem das Leben schenkt, das Hier und Jetzt nutzen, den Augenblick leben und auch das Unmögliche für möglich halten.

Oftmals gibt es ungeahnte Änderungen, Fügungen und Lenkungen.

Geben auch Sie deshalb niemals auf, halten Sie die Hoffnung auf Veränderung fest und bleiben Sie am Gehen, oder geben Sie sich einen Ruck und machen Sie sich endlich auf den Weg! Es gibt viele Caminos, aber Ihren eigenen, ganz persönlichen können nur Sie selbst erforschen und wahr werden lassen. Er liegt direkt vor Ihnen, nur einen Schritt weit entfernt. Es warten einzigartige, wundervolle, manchmal wunderliche Dinge auf Sie. Vertrauen Sie einfach, Ihr Camino wird Ihnen geben was Sie brauchen, er wird Sie beschenken und reich machen an Dingen, die man für Geld nicht kaufen kann. Und Sie werden anders zurückkommen, als Sie losgezogen sind.

In diesem Sinn wünsche ich Ihnen einen „Buen Camino" und „Ultreia" – vorwärts, gehen Sie über sich hinaus!

Fotos und Informationen zum Buch im Internet:

www.pilgernaufdemjakobsweg.com

Zeitfracht Medien GmbH
Ferdinand-Jühlke-Straße 7
99095 Erfurt, Deutschland
produktsicherheit@kolibri360.de